# 처음 시작하는 C 언어

이영호 · 이봉락
고주영 · 심재창 지음

카오스북
CHAOS BOOK

**저자 소개**

공학박사 이영호

공학박사 이봉락

공학박사 고주영

공학박사 심재창

# 처음 시작하는 C언어

**발행일** 2013년 02월 15일
**저 자** 이영호, 이봉락, 고주영, 심재창
**발행인** 오성준
**발행처** 카오스북
**주 소** 경기도 파주시 문발동 507-9번지
**전 화** 031-949-2765
**팩 스** 031-949-2766

**등록번호** 제406-2012-000111호

**디자인** Moon & Park
**인 쇄** 이산문화사

**웹사이트** www.chaosbook.co.kr
ISBN 978-89-98338-02-2 93560

**정가** 17,000원

머리말

# C언어를 모국어처럼

C언어는 다양한 응용 프로그램을 개발하기 위해 사용되는 가장 우수한 컴퓨터 언어이다. 공학을 공부하는 학생들은 C언어와 관련된 강좌를 반드시 듣게 된다. 하지만 대학에서 C언어 강의를 듣는 학생들이 'C언어는 어렵다!'라는 관념에 사로잡혀 있다. '어떻게 하면 C언어를 쉽게 배울 수 있나요?'라는 질문을 자주 받는다. 이 답을 얻기 위하여 대학에서 C언어 강좌를 담당하는 많은 교수들과 논의 끝에 얻은 결론은 하나이다. '컴퓨터 실습으로 다양한 예제를 해결하라!'가 그 최상의 답이라는 것이다.

10년 이상 영어공부를 한 우리나라 대학생들이 외국인을 만나면 실용회화 한마디 제대로 못하는 영어교육의 현실을 우리는 문제 삼는다. 이와 마찬가지로 C언어 학습에 있어서도 실습을 통하지 않고 그냥 책으로 문법만 익히고 암기해서는 그 실력이 오래 지속되지 않는다. 그래서 이 교재는 예제를 통해 문법을 익히고 예제를 통해 알고리즘을 이해하고 예제를 통해 스스로 복습할 수 있도록 집필하였다. 또한 예제에서 사용되지 않은 복잡한 문법적 내용이나 설명은 가급적 피하여 학생들이 C언어의 가장 핵심되는 부분에 쉽게 접근하여 이해하도록 하였다.

이 책은 다음과 같은 기준으로 저술되었다.

- C언어를 처음 접하는 대학 초년생을 대상으로 하였다.
- 13주간 강의를 기준하여 13개 장으로 구분되어 있다.
- 한 장은 1시간의 이론 강의와 2~3시간의 컴퓨터 실습을 기준으로 작성되었다.
- 각 장마다 예제를 순서대로 해결하면서 C언어를 익히도록 하였다.
- 설명은 가급적 문답식으로 친숙하게 만들려고 노력하였다.

• 각 장의 말미에 요약, Q&A, 실습예제, 복습문제를 제공하여 스스로 복습하고 강의에 대한 리포트를 작성할 수 있도록 하였다.

서점에 가면 C언어 관련 서적이 범람하지만 처음 접하는 학생들이 재미있게 학습할 수 있는 교재는 흔하지 않다. C언어를 처음 접하는 학생들에게 이 교재가 작은 도움이라도 되기를 희망한다.

2013년 1월

## 차례

C H A P T E R 01

# C언어 입문

C언어는 사람의 언어와 비슷한 고급 언어에 속한다. 수학 계산, 데이터 처리, 운영체제(OS) 개발, 게임 작성 및 응용 프로그램 제작 등에 활용한다. 프로그램 작성 과정은 문제를 분석하여 목표를 설정하고, 설계하고, 소스코드를 작성한다. 그리고 '컴파일' → '실행' → '디버깅(수정하기)' → '완료'의 단계를 반복하여 프로그램을 완성시킨다.

이 장에서는 C언어를 소개하고, 프로그램을 작성하여 실행하면서 기본 구조를 이해한다.

**학습목표**

- C언어를 소개한다.
- C언어의 특징을 살펴본다.
- C언어의 구조를 학습한다.
- C언어로 첫 프로그램을 작성할 수 있다.

## 1.1 C언어 소개

### 1 C언어 소개

C언어는 컴퓨터 프로그램을 작성하는 프로그래밍 언어로 현재 많은 분야에서 활용되고 있다. 1972년 Bell 연구소에서 Unix라는 운영체제를 만들면서 개발하였다. 수학 계산, 데이터 처리, 게임 및 응용 프로그램 제작, 운영체제 개발에서 핸드폰 프로그래밍까지 다양하게 활용되고 있다.

프로그래밍 언어는 기계어, 어셈블리어, 고급언어 등으로 구분한다. 기계어는 0과 1로 된 컴퓨터만 이해하는 언어이다. 어셈블리어는 기계어에 대응하는 기호로 작성하여 기계어 보다 사용하기 편리하다. C언어는 사람의 언어와 유사한 고급언어이다.

고급언어에는 과학 계산용인 FORTRAN, 학습용인 PASCAL, BASIC과 C언어 및 C++, JAVA, C# 등이 있다. C언어의 발전 역사는 ALGOL60 ⇨ CPL ⇨ BCPL ⇨ B ⇨ C ⇨ C++ ⇨ C++/CLI로 이어진다.

### 2 C언어의 특징

C언어는 실행 속도가 빠르며, 함수 기반 언어로 프로그램의 구조화가 쉽다. 하드웨어를 제어하기 쉽고, 포인터로 메모리에 직접 접근할 수 있다. 이런 특징으로 인해 스마트폰을 포함한 임베디드 프로그래밍에 많이 활용된다. 또한 시스템 간의 호환성이 좋아 윈도우용 프로그램을 Linux에서 일부만 수정해도 실행할 수 있다. 더불어 다양한 라이브러리가 제공되고 있다.

C언어의 특징을 요약하면 다음과 같다.

- UNIX 운영체제의 기본이 되는 언어
- 함수를 활용하여 구조적 또는 모듈식 구현이 쉬움
- 시스템 간의 호환 및 이식성이 좋음
- 고급 및 저급 언어 간의 인터페이스가 용이

- 관계 및 증감 연산자 등 풍부한 연산자 지원
- 포인터를 이용한 주소지정 및 주소연산이 가능
- 동적 메모리 관리에 의한 메모리 관리가 가능
- 주소지정에 의한 하드웨어 제어가 가능

## 3 C언어 구조

정해진 규칙에 따라 프로그램을 작성하는 것을 '프로그래밍programming' 또는 '코딩coding'이라 한다. 그렇게 작성된 프로그램을 '소스 코드source code'라고 한다.

두 정수 2와 3을 더해서 화면에 출력하는 프로그램을 작성해 보자. 메모리에 두 수를 저장하는 변수 a, b와 결과를 저장하는 c가 필요한데, 이것을 변수라고 한다. printf는 화면에 값을 출력하는 함수이다. C언어의 구조는 (예제 1-1)처럼 main() 함수가 필요하다.

**예제 1-1 ▶ 임의의 두 수를 더하여 화면에 출력하시오.**

```
1  #include <stdio.h>          /*포함문*/      포함문 <헤더파일>
2  void main()                                 함수 이름
3  {                                           함수 시작
4        int a=2, b=3, c;
5        c = a + b;                            실행 문장들
6        printf("%d", c);      // 출력
7
8  }                                           함수 종료
```

### 문장 1 포함문(#include)과 헤더파일

- 포함문의 첫 문자는 '#'이며, #inlcude<"파일이름">을 '포함문'이라 한다.
- <stdio.h>는 파일 표준입출력(standard in & out)을 위한 헤더파일이다.
- 포함문은 해당 코드를 복사하여 소스 코드에 포함시킨다.

### 문장 2 void main() 함수(function)

- C언어는 하나의 main() 함수가 필요하다. 프로그램의 시작 지점이다.

• 함수는 중괄호 열기 '{'로 부터 중괄호 닫기 '}' 까지이다. 중괄호는 함수나 연산의 범위를 정의하는 블록으로 사용된다.

### 프로그램 코드

• 수학계산을 위해 사칙연산과 같은 산술 연산자를 활용한다.
• 데이터에는 변수와 상수가 있다.
• 프로그램의 흐름 조절은 제어문을 사용한다.
• 실행 문장의 끝 표시로 세미콜론(;)을 적는다.
• C언어에서 대문자와 소문자는 서로 다른 의미를 가진다.

### 문장 1 및 6 주석문command

• 주석문은 프로그램을 설명한 문장으로 컴파일 할 때 제외한다.
• 주석문은 '/*'와 '*/' 사이에 작성하고, 여러 줄에 걸쳐서 사용할 수 있다.
• 슬래시 두 개(//) 다음부터 그 줄 끝까지는 주석문이 된다.

### 변수의 이름 작명 규칙

구분하는 이름을 식별자identifier라 하며 작성 규칙에 따라 만든다. 예로, 하나의 정수는 int a;나 int myInt; 또는 int my_val;로 할 수 있다. a, myInt, my_val을 식별자라 한다.

| 규칙 | 예 |
|---|---|
| 첫 문자는 영어나 '_' 밑줄만 올 수 있다. | 가능: int a;, int _mInt; |
| 첫 문자는 숫자로 시작할 수 없다, | 불가: int 5my; |
| 첫 문자를 제외하고는 숫자도 올 수 있다, | 가능: int my5val; |
| '_'를 제외한 모든 특수 문자(?, /, *, #, @)는 사용하지 못한다. | 불가: int my*@; |
| 대문자와 소문자는 구별된다. | My와 my는 서로 다름 |
| C언어의 예약어는 사용할 수 없다. | 불가: int, float, printf |

# 1.2 C언어 프로그램 작성과 실행

## 1 프로그램 작성 단계

'프로그램'을 작성하는 단계는 다음과 같다. 코딩하기 전에 문제를 파악하고 논리적으로 '설계'하여 프로그램을 작성하고, 수정한 다음 실행한다. 순서는 다음과 같다.

- 목표 설정 // 무엇을 하는 프로그램인가?
- 설계 // 화면구성, 데이터 처리
- 소스 코드 작성 // C언어로 코드 작성
- 컴파일 // 실행 파일 작성
- 실행 // 실행
- 확인 및 디버깅 // 프로그램의 오류 수정
- 관리 및 수정 // 문서화, 새로운 기능 추가

### 소스 코드 입력

소스 코드는 편집기로 입력한다. 확장자는 '.c' 또는 '.cpp'로 한다.

### 컴파일

'컴파일러'는 소스코드를 실행 파일로 바꾼다. 통합개발 환경에서 해당 메뉴를 선택하거나, 아이콘을 실행한다.

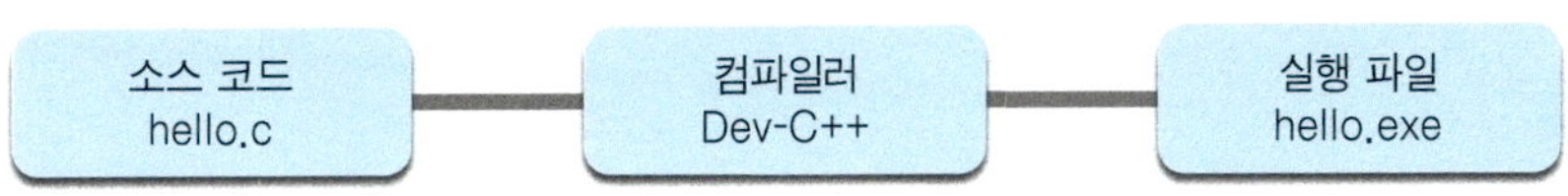


'소스 코드'를 '목적 파일'로 바꾼 후 '실행 파일'로 변환한다. '소스 코드'를 '목적 파일'로 바꾸는 과정은 컴파일러compiler가 담당한다. 목적파일은 링커linker를 통해 '실행 파일'로 변환한다. 링커는 필요한 라이브러리library 파일과 연결시켜 실행 파일을 만든다.

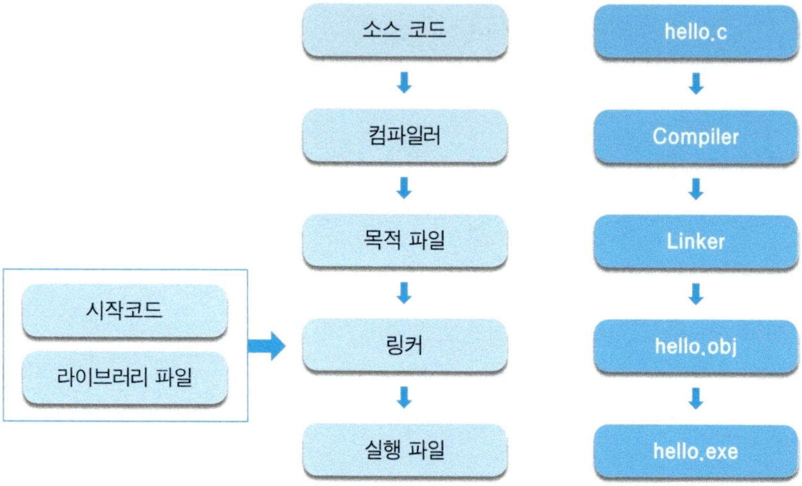


소스 코드의 컴파일과 실행 과정

일반적으로 통합 컴파일러는 소스 코드 작성, 컴파일과 링킹 및 실행, 디버깅을 모두 하나의 프로그램에서 처리해 준다.

## 2 통합 프로그램의 설치

C언어로 프로그래밍을 하려면 통합 프로그램이 필요하다. 우수한 무료 프로그램 세 가지를 소개한다.

- Dev-C++ : 제일 작고 간편함, C언어 학습에 충분하다.
- Code Blocks : 중간 규모
- Visual C++ Express : 매우 큼

실습을 위해 Dev-C++ 통합 프로그램을 설치해 보자. 자세한 과정은 교재의 부록에 첨부하였다. 인터넷 브라우저로 아래 주소를 입력하자.

- http://prdownloads.sourceforge.net/dev-cpp/devcpp-4.9.9.2_setup.exe

이 파일을 다운 받아 저장한 후 프로그램을 설치하고 실행한다.
프로그램을 작성하려면 [파일] → [새로 만들기] → [소스 파일]을 선택하고 소스 코드를 입력한다.

첫 실습 예제로 C언어로 화면에 'hi !'를 나타내는 프로그램을 작성해 보자.

### 소스 코드 작성

Dev-C++의 에디터를 열고, 메뉴에서 [파일] → [새로 만들기] → [소스 파일]을 선택한다. 빈 화면에 다음과 같이 소스 코드를 입력한다.

**예제 1-2** 'hi !'를 화면에 출력하는 프로그램을 작성하라.

```c
// 'hi !'를 모니터에 출력
#include <stdio.h>
void main()
{
      printf("hi !");
      system("pause");
}
```

```
hi !
```

한 줄이 끝나면 반드시 하나의 실행 문장의 끝을 나타내는 ';'을 반드시 붙여야 한다. 만약 각 문장의 끝에 ';'이 없으면 오류가 발생한다.

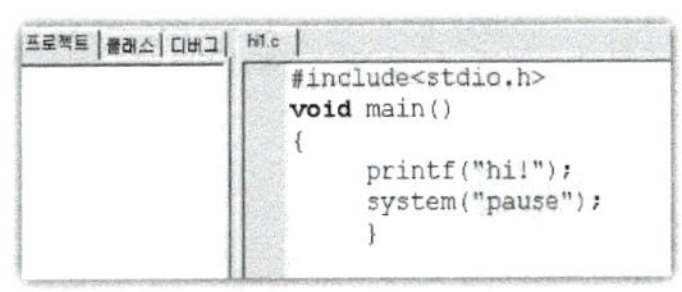


### 소스 코드 컴파일

소스 코드를 입력 한 다음 도구 모음에서 컴파일 버튼 ▦을 누른다. 프로그램에 오류가 있는지 확인을 하고, 오류가 없으면 목적파일이 만들어진다. 처음 파일을 만든 경우는 아래 그림과 같이 파일 저장 창이 나타난다. 이때 [파일 이름]에 hi.c로 [파일 형식]은 콤보(역삼각형 ▼)를 누르고 'C source files (*.c)' 선택한 후 저장한다.

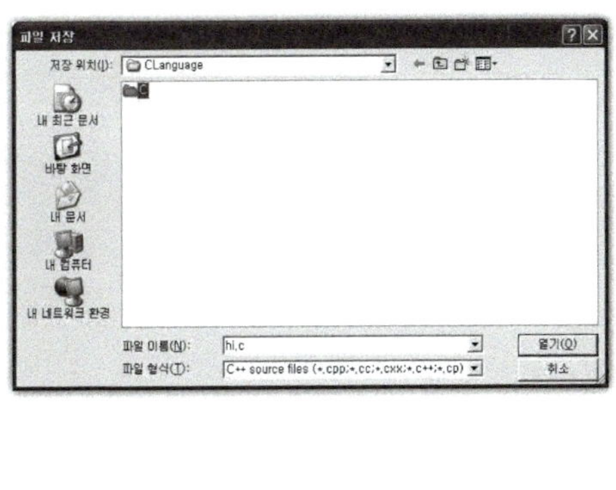

### 프로그램 실행시키기

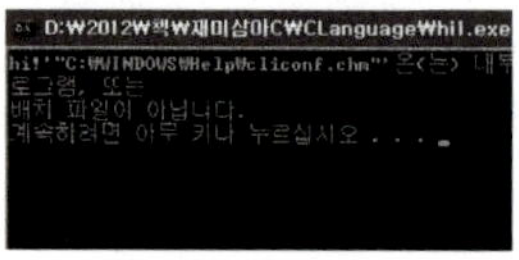

실행 버튼 을 누르면 프로그램이 다음 그림과 같이 실행이 된다. 이때 실행 파일이 만들어진다. 두 차례 버튼을 누르지 않고 한 번에 처리 할 수 있다. 컴파일 후 실행 버튼 을 누르면 컴파일과 실행이 한꺼번에 수행된다.

### 프로그램 끝내기

위의 그림처럼 프로그램이 실행되면 아무키나 누르면 다시 편집 창으로 되돌아온다.

**예제 1-3 ▶ 정수 3을 화면에 출력하는 프로그램을 작성하라.**

```
1  #include <stdio.h>                       선행처리 문
2  void main()                              메인함수 선언
3  {                                        함수 시작
4       int val;                            변수선언 문장
5       val = 3;                            실행 문장
6       printf("val = %d\n", val);          실행 문장
7  }                                        함수 종료
```

문장 4의 int val;은 정수를 담는 통을 선언한다.

문장 5의 val=3;은 대입 연산자 =으로 3을 val에 저장한다.

문장 6의 %d는 정수를 출력하는 형식이다.

## 3 오류의 종류

오류에는 문법오류와 논리오류가 있다. 문법Syntax오류는 C언어의 문법이 틀리는 경우로 컴파일러가 찾아주기 때문에 수정이 쉽다. 논리logic오류 또는 의미semantic오류는 문법적인 오류는 없으나 논리적으로 잘못된 경우 발생되는 오류이다. 이 경우 프로그래머가 직접 찾아서 수정해야 한다.

## 4 프로그램 작성 팁

- 줄을 맞추어 읽기 쉽게 작성하자.
- 변수의 이름은 의미 있게 붙여 주자. 예를 들어 나이에 관한 변수는 'int a;' 보다 'int age;'로 하면 프로그램을 쉽게 이해할 수 있다.
- 설명문을 추가하자.
- 빈 줄을 잘 활용해서 들여쓰기를 잘 하자.

## 5 예약어

예약어는 C언어에서 사용하는 특정한 이름이며 변수명이나 함수명으로 사용할 수는 없다.

| C언어 예약어 | | | |
|---|---|---|---|
| auto | double | int | static |
| break | else | long | struct |
| case | enum | register | switch |
| char | extern | return | typedef |
| const | float | short | union |
| continue | for | while | unsigned |
| default | goto | signed | void |
| do | if | sizeof | volatile |

### chapter_ 01 요약

- C언어는 고급 언어로 실행 속도가 빠르고 함수 기반으로 구조화가 쉽다.
- 프로그램 개발 순서
  - 소스 파일 생성 → 소스 코드 파일 추가 → 컴파일 → 실행
  - 컴파일 후 실행 → 프로그램 실행(디버깅 시작)

### C언어의 구성 요소

- 포함문, 함수, 실행 문장 주석문

### C언어 프로그램 작성에서 유의할 점

- 대문자와 소문자를 구분한다.
- 실행 명령 코드의 종료를 나타내는 기호로 세미콜론(;)을 사용한다.

### 정수형 변수 선언과 값 대입

```
int var;
var = 25;
```

## chapter_ 01 Q&A

**Q** 에디터를 활용하여 작성한 C언어 명령어의 조합으로 된 프로그램을 무엇이라 하는가?

소스 코드

**Q** '#include <stdio.h>'를 무엇이라고 하는가?

포함문으로 헤더파일

**Q** 프로그램이 언어의 규칙에 맞게 작성되었는지 검사하고, 문자로 작성된 프로그램을 컴퓨터가 이해할 수 있는 2진수로 변환해 주는 것을 무엇이라 하는가?

컴파일

**Q** C언어에서 실행코드 종료 부호로 ';'를 사용하는 이유는 무엇인가?

한 줄에 여러 명령 코드를 작성할 때 각 명령 코드를 구별할 수 있다.

## chapter_ 01 실습예제

**1** 다음 내용과 같이 출력하는 프로그램을 작성하라.

```
Hi, World!
Good Morning!!
```

```c
#include <stdio.h>
void main(){
        printf("Hello World!\n");
        printf("Good Morning!!");
}
```

```
Hello World!
Good Morning!!
```

**2** 다음 내용과 같이 주석문이 처리되도록 출력하는 프로그램을 작성하라.

```
/* 이름 : 홍길동
   나이 : 20살
*/
********************
C언어 프로그램은 재미있어요.
********************
```

```c
/* 이름 : 홍길동
   나이 : 20살
*/
#include <stdio.h>
void main()
{
        printf("********************\n");
        printf("C언어 프로그램은 재미있어요.\n");
        printf("********************\n");
 }
```

3 변수 a=5, b=3를 이용하여 두 수의 합(sum)을 구하는 프로그램을 작성하라.

```
#include <stdio.h>

void main()
{
      int a=5, b=3, sum;

      sum = a+b;
      printf("두 수는 %d와 %d입니다.\n",a,b);
      printf("두 수의 합은 %d 입니다.\n",sum);
 }
```

```
두 수는 5와 3입니다.
두 수의 합은 8입니다.
```

4 다음 프로그램을 컴파일하여 오류를 수정하고 완성하라.

출력 : Hello!
OK

```
#includ<stdio.c>
void main()
{
      printf(Hello!);
      printf("OK");
}
```

5 4번 예제를 참조하여 프로그램에 자신의 학번과 이름을 한줄 씩 출력하는 프로그램을 작성하라.

## 복습문제

1 C언어 소스 코드를 실행 파일로 변환하는 소프트웨어는 무엇인가?

2 C언어에서 한 줄의 명령어 끝을 나타내는 기호는 무엇인가?

3 프로그램의 작성 순서는 '목표 설정 → 설계 → 소스 코드 작성 → (　　　　　　) → 실행 → 확인 및 디버깅 → 관리 및 수정'이다.

4 C언어에서 직접 사용하는 단어로 변수나 함수 이름에는 사용할 수 없는 것은 무엇인가?

5 문법적인 오류는 없으나, 원하는 결과가 아니어서 프로그래머가 직접 수정해야 하는 오류는 무엇인가?

6 C언어는 모듈식 프로그램이 가능한 함수로 구성된 컴퓨터 언어이다. [ **참 / 거짓** ]

7 C언어에서 예약어는 변수의 이름으로 사용할 수 있다. [ **참 / 거짓** ]

8 프로그램을 알아보기 쉽고 이해하기 쉽도록 구분하기 위하여 띄어쓰기와 들여쓰기를 하는 것이 좋다. [ **참 / 거짓** ]

9 다음 중 고급언어에 속하지 않는 것은 무엇인가?

① C언어　② 베이직　③ JAVA　④ 어셈블리어

10 다음 중 C언어에서 없으면 오류가 발생하는 것은 무엇인가?

① /* 첫 번째 프로그램입니다. */　② #include <math.h>

③ int width;　④ void main()

11 다음 중 C언어에서 변수나 함수의 이름으로 사용할 수 없는 것은 무엇인가?

① age　② area　③ define　④ name

**해답**

1. 컴파일러　2. ;(세미콜론)　3. 컴파일　4. 예약어　5. 의미적 오류 또는 논리적 오류
6. 참　7. 거짓　8. 참　9. ④　10. ④　11. ③

CHAPTER 02

# 자료유형과 입출력

프로그램에서 데이터는 메모리에 저장된다. 이때 데이터의 형태와 이름을 지정해 주어야 한다. 데이터의 종류에 따라 적합한 형을 선택하면 메모리를 효율적으로 사용할 수 있다. C언어의 표준 입출력 함수인 printf()와 scanf() 함수에 대해서 알아본다.

**학습목표**

- 변수와 상수를 선언하고 사용법을 학습한다.
- 자료형의 종류와 사용법을 학습한다.
- 형식에 따른 데이터를 출력하는 방법을 학습한다.
- 데이터를 입력받아 처리하는 방법을 학습한다.

## 2.1 변수variable

프로그램에서 데이터는 저장할 공간이 필요하다. 숫자 하나를 저장해 보자. 이름이 'a'이고 값은 3인 경우, 통의 이름은 'a'이고 통에 든 내용은 3이 된다. 또 다른 숫자로 이름이 'b'이고 값은 5인 경우 더하는 계산을 해보자. 이때 a와 b의 두 값을 메모리에 저장하는데, 이를 변수Variable라고 한다.

> 변수는 데이터를 저장하는 장소이다.
> 변수 상자의 이름은 'a'이고
> 그 안에 데이터 3이 들어간다.

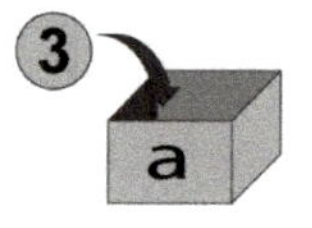


**예제 2-1 두 수를 변수 선언하고 값에 3과 5를 대입하고, 출력하는 프로그램을 작성하라.**

```
1  #include <stdio.h>
2  void main()
3  {
4        int a;              // 변수 선언
5        int b;              // 변수 선언
6
7        a=3;                // 대입 연산
8        b=5;                // 대입 연산
9        printf("a=%d  b=%d", a, b);// 출력
10 }
```

```
a=3   b=5
```

예제에서 문장 4와 5의 a, b는 변수명이다. int는 정수형을 나타내는 자료형인데 자세한 내용은 2.2 자료형에서 살펴보자. 문장 7과 8은 각 변수에 값을 대입하는 것이다.

활용 01

두 수를 변수로 선언하여 저장하고 더한 후 결과 값을 출력하는 프로그램을 작성하라.

## 2.2 자료형

프로그램에서 사용하는 데이터의 종류는 다양하다. 1, 2, 3과 같은 정수형, 3.14와 같이 소수점이 있는 실수형, 'a'나 'A'와 같은 문자형과 "Hello"와 같은 문자열 데이터가 있다.
데이터마다 적합하게 처리하려면 자료형의 구분이 필요하다. 문자형인지 정수형인지에 따라 나타낼 수 있는 데이터의 범위가 다르다. 따라서 종류에 맞는 자료형을 선택하여 메모리를 효율적으로 활용할 수 있다. 자료형을 선언한 예는 다음과 같다.

| | | |
|---|---|---|
| 이름 | : A | (문자형 데이터) → char |
| 나이 | : 20세 | (정수형 데이터) → int |
| 몸무게 | : 62.5kg | (실수형 데이터) → float |

예제 2-2 **이름 A, 나이 20세, 몸무게 62.5kg인 경우, 자료형에 맞게 변수를 선언하고 값을 초기화하고 출력하는 프로그램을 작성하라.**

```
#include <stdio.h>
void main()
{
      char ch='A';
      int age=20;
      float height=62.5;

      printf("이름은 %c입니다.\n", ch);
      printf("나이는 %d세 입니다.\n", age);
      printf("몸무게는 %fkg 입니다.\n", height) ;
}
```

```
이름은 A입니다.
나이는 20세입니다.
몸무게는 62.500000kg입니다.
```

예제에서 char은 단일 문자형을 나타낸다. int는 소수점이 없는 정수형을 나타낸다. 문장 6의 float는 소수점이 있는 실수형을 나타내는데 출력할 때 자리수를 지정해 주지 않으면 소수점 자리수가 6개로 표시된다.

활용 02 학생의 이름, 학번, 성적, 출신 학교를 나타내기 위해 어떤 자료형을 써야 할지 생각해 보라.

앞의 예제에서와 같이 다양한 자료형의 종류에는 어떤 것이 있는지 살펴보자.

### 자료형의 표현 범위

| 구분 | 자료형 | 크기 | 표현 범위 |
|---|---|---|---|
| 문자 | char | 1바이트 | 1문자 또는 -128~127 |
| 정수 | short | 2바이트 | -32,768 ~ 32,767 |
| | int | 4바이트 | -2,147,483,68 ~ 2,147,483,647 |
| 실수 | float | 4바이트 | 1.2e-38 ~ 3.4e+38 |
| | double | 8바이트 | 2.2e-308 ~ 1.8e+208 |

문자형은 char이며 1바이트로 하나의 문자를 저장한다. char로 정의된 변수는 1 바이트로 문자뿐만 아니라 −128~127의 정수 표현에도 사용할 수 있다.
정수integer는 소수점이 없는 수이며, 부호와 크기로 값을 표현한다. 정수는 사용 범위를 고려하여 short(2 바이트), int(4 바이트)로 선언할 수 있다.
실수floating point number는 소수점을 포함하는 유리수로 부호와 지수 및 크기로 값을 표현한다. 실수 각 자리digit의 가중치는 소수점을 기준으로 결정되므로 '부동소수점'이라고 한다. 실수는 사용 범위를 고려하여 float(4 바이트), double(8 바이트)로 선언할 수 있다.

## 2.3 변수와 상수

변수는 사용되기 전에 꼭 선언해야 하며, 선언하는 위치는 함수의 첫 부분이다. 선언 방법은 자료형을 적고 다음에 변수의 이름을 나열한다.

**예제 2-3** **정수 3, 실수 2.5, 문자 'A'와 문자열 "C Program"을 초기화하고 화면에 출력하는 프로그램을 작성하라.**

```
#include <stdio.h>
void main()
{
      int ivalue=3;
      float fvalue=2.5;
      char ctext='A';
      char cstring[10]="C Program";

      printf("ivalue = %d\n",ivalue);
      printf("fvalue = %f\n",fvalue);
      printf("ctext= %c\n",ctext);
      printf("cstring = %s\n",cstring);
 }
```

```
ivalue = 3
fvalue = 2.500000
ctext= A
cstring = C Program
```

예제를 살펴보면 정수와 실수 그리고 한 글자로 된 문자를 출력하였고 또한 문자열을 변수 선언하고 출력하였다. 문자열을 표시할 때는 문자 배열로 선언하여야 한다. 각 변수를 자료형에 따라 선언하는 방법을 알아보자

### 하나의 변수를 선언하는 예

```
char ch;
int iResult;
float fValue;
```

**둘 이상의 변수를 동시에 선언하는 예**

각 변수명을 콤마 연산자로 구분한다.

```
char ch1, ch2;
int idata1, idata2;
double fdata1, fdata2;
```

**문자 배열의 선언: 20 문자를 저장하는 문자형 배열 선언하는 방법**

```
char name[21];
```

길이가 20까지인 문자를 저장하려면, 저장할 문자수에 1을 더해서 21을 적는다. 1을 더하는 이유는 끝에 문자열의 종료를 나타내는 기호인 NULL(\0)을 추가할 한 바이트가 더 필요하기 때문이다.

변수를 먼저 선언한 후 대입 연산자로 대입 할 수 있다.

```
int idata;
idata=15;
```

변수를 선언하면서 초기화 하려면 변수 명 다음에 값을 적는다.

```
float fdata=25.4;
```

문자 데이터의 대입은 작은따옴표(' ') 사이에 쓴다.

```
char data='A';
```

문자열 데이터는 큰따옴표(" ") 사이에 쓴다.

```
char name[30]="홍길동";
```

큰따옴표로 문자열을 대입하면 문자열의 마지막에 자동으로 문자열 종료 기호인 NULL(\0)이 추가된다.

### 상수

데이터는 변수와 상수로 구분할 수 있다. 프로그램이 실행되는 동안 저장된 값이 변경될 수 있는 경우를 변수라 하고, 저장된 값을 변경할 수 없는 경우를 상수constant라고 한다. 예를 들어 원주율 3.14처럼 변하지 않는 경우 상수로 처리한다. 상수는 전처리 선언문 #define으로 정의하며, 반드시 선언할 때 초기화해야 한다. 다른 방법으로 상수를 정의 할 수 있는데 const int VAL=2;처럼 const 키워드를 변수 앞에 붙여서 활용할 수 있다. 상수는 일반적으로 대문자로 이름을 정하여 변수와 구분한다.

원주율 3.14를 PI라는 상수로 정의하는 방법

```
#define PI 3.14
```

※ 주의 : 상수 정의문 끝에는 세미콜론을 붙이지 않는다.

상수 변수 선언은 자료형 앞에 상수를 나타내는 예약어 const를 추가한다.
60이란 정수 값을 TOTAL이란 상수에 저장하자.

```
const int TOTAL=60;
```

**예제 2-4** **원주율 PI를 3.14로 상수 선언하여 원의 면적을 계산하는 프로그램을 작성하라.**

```
#include <stdio.h>
#define PI 3.14
void main()
{
      float r=5;
      float area;

      area = PI*r*r;
      printf("원의 면적은 %f", area);
}
```

```
원의 면적은 78.500000
```

**활용 03** 원주율 3.14로 상수 선언하고 원의 둘레를 계산하는 프로그램을 작성하라.

## 2.4 화면 출력함수 printf()

지금까지 우리는 프로그램 결과를 출력하기 위해 printf 함수를 사용하였다. printf는 자료형식에 맞추어 화면에 데이터를 출력하는 함수이다. C언어는 몇 가지 입출력 함수를 이용하여 데이터의 입출력 기능을 실행한다. 표준 입출력 함수가 　파일에 정의되어 있어서 '#include <stdio.h>'를 선언해야 한다. C언어의 표준 입력 함수는 scanf이며, 출력 함수는 printf이다. 참고로 C언어의 표준 입력 장치는 키보드이고, 표준 출력 장치는 모니터이다.

**예제 2-5** 다음과 같이 데이터를 자리수를 맞추어 출력하는 프로그램을 작성하라.

```
  10
 100
1000
```

```
#include <stdio.h>
void main()
{
	int a=10, b=100, c=1000;

	printf("%4d\n", a);
	printf("%4d\n", b);
	printf("%4d\n", c);
}
```

```
  10
 100
1000
```

예제에서 printf 함수의 매개 변수 속의 %4d는 자리 수를 4개 차지하고, 데이터는 오른쪽부터 채운다.

printf 함수의 사용 규칙은 다음과 같다.

```
printf("출력_형식", 출력_데이터);
```

정수 변수를 출력하는 방법은 다음과 같다.

```
int ia=3;
printf("정수 값 ia = %3d", ia); // 3칸에 정수를 출력
```

**활용 04** 실수형 변수 fa=123.45일 때 출력 형태가 123.4가 되게 프로그램하라.

'printf("메시지문");'은 고정된 문자열을 출력하는 특수한 경우에 사용한다.

```
printf("Hello !");
```

printf 함수는 문자, 정수, 실수, 문자열, 10진수, 8진수, 16진수 등 다양한 형식을 사용하여 데이터를 표현할 수 있다. 자료형과 출력 형식이 다른 경우 오류가 발생한다. C 언어의 출력 형식은 다음 표와 같다.

| 출력 형식 | 설명 |
|---|---|
| %c | 문자 데이터를 단일문자로 출력 |
| %s | 문자열 데이터를 문자열 형식으로 출력 |
| %d | 정수 데이터를 정수 형식으로 출력 |
| %f | 실수 데이터를 실수 형식으로 출력 |
| %o | 정수 데이터를 8진수로 변환하여 출력 |
| %x | 정수 데이터를 16진수로 변환하여 출력 |
| %% | %기호 출력 |

데이터를 일정 형식으로 출력하려면 자리 수를 지정해야 한다. 자리 수 지정은 %와 출력 형식 사이에 출력할 자리 수를 지정할 수 있다. 예를 들면 정수를 3자리로 표현할 때는 %3d와 같이 사용한다.

### 예제 2-6 문자형 데이터 출력하기

```
#include <stdio.h>
void main()
{
	char ch='A', str[10]="gildong";

	printf("%5c\n",ch);
	printf("%3s\n",str);
	printf("%.3s\n",str);
}
```

```
    A
gildong       // %3s로 선언하였지만 gildong이 모두 출력되었다.
gil
```

문자형 데이터는 %c와 %s에 문자형 데이터를 출력할 자리 수를 % 다음에 적는다. 자리 수를 적으면 문자 데이터는 자리 수에 맞추어 문자나 문자열을 출력한다. 문자열을 출력할 때 지정한 자리 수가 부족하면 자리 수를 무시하고 모든 문자열을 출력한다. 문자열을 출력할 때 문자열 시작부분에서 몇 개의 문자만 선택적으로 출력할 경우 % 다음에 소수점(.)과 출력할 문자 수를 쓴다.

정수형 데이터는 출력할 자리 수를 적는다. 자리 수를 생략하면 자동으로 유효자리 수에 맞추어 출력한다. 정수를 출력할 자리가 부족하면 자리 수를 무시하고 값 전체를 출력한다. 정수형 데이터는 8진수와 16진수로도 변환하여 출력할 수 있다. 8진수와 16진수를 출력할 때 % 다음에 #을 추가하면 8진수를 표현하는 '0'과 16진수를 표현하는 '0x'가 데이터 앞에 추가된다.

**예제 2-7 ▶ 정수형 데이터 출력하기**

```c
#include <stdio.h>
void main()
{
      int sno=25, lno=4236;

      printf("%3d\n", sno);
      printf("%#5o\n", sno);
      printf("%#5x\n", sno);
      printf("%3d\n", lno);
}
```

```
 25
  031
 0x19
4236
```

실수형 데이터는 전체 자리 수와 소수점 이하의 자리 수를 구분하여 표현한다. 소수점도 전체 자리 수에 한 자리를 차지한다. 전체 자리 중에서 정수부분이 부족하면 전체 자리 수의 제한을 무시하고 정수부분은 모두 출력하며, 소수점 이하 부분에서 자리가 부족하면 반올림하여 자리 수에 맞게 출력한다

| 1 | 2 | 3 | . | 4 | 5 |
|---|---|---|---|---|---|

실수 변수를 출력하는 방법은 다음과 같다.

```
float fa=123.45;
printf("실수 값 fa = %6.2f", fa); // 전체 6자리에 소수점이하 2자리
```

지수형으로 출력할 경우에는 소수점, 지수 표시(e 또는 E), 지수의 부호 그리고 지수의 3자리가 기본적으로 전체 자리 수에 포함된다. 전체 자리 수가 부족한 경우 소수점 이하의 자리 수만 맞추고 나머지는 전체 자리 수에 무관하게 지수 표현 형식에 맞추어 출력한다. 만약 자리 수를 지정하지 않으면 자동으로 소수점 이하는 6자리까지 표

현한다.

```
double ch = 25.25;
printf("%f\n",ch);
printf("%6.2f\n",ch);
printf("%10.2e\n",ch);

25.250000
 25.25
 2.53e+001f
```

printf()의 데이터 정렬 방법은 우측 정렬이 기본이다. 만약 우측 정렬을 하면서 앞자리의 빈자리에 0을 추가하려면 전체 자리 수 앞에 0을 추가한다.

```
printf("%010d\n",10);
출력 결과 : 0000000010
```

좌측 정렬은 % 다음에 – 부호를 추가한다.

```
printf("%-4d",10);
출력 결과 : 10
```

### 출력 형식을 제어하는 제어문자

printf() 함수에서 여러 줄의 데이터를 출력할 경우, 새 줄로 바꾸려면 출력 제어문자인 '\n'을 사용한다. 출력 제어 문자는 역슬래시(\) 다음에 쓴다. 역슬래시(\) 문자는 영어 키보드에만 있으며, 한글 키보드는 원화 단위(₩)를 역슬래시로 사용한다. C언어에서 사용하는 제어문자는 다음과 같다.

| 제어문자 | 설명 |
|---|---|
| \n (= ₩n) | 줄 바꿈 |
| \r (= ₩r) | 현재 줄의 첫 번째 칸으로 이동 |
| \t (= ₩t) | 탭 공간을 삽입 |
| \0 (= ₩0) | 제어문자 뒤를 공백으로 처리하여 더 이상 출력하지 않음 |
| \a (= ₩a) | 알람 소리, 삐 소리가 남 |
| \\ (= ₩₩) | 역슬래시(\)를 출력 |
| \" (= ₩") | 큰따옴표(")를 출력 |

## 2.5 키보드 입력함수 scanf()

지금까지의 예제 프로그램에서는 변수에 데이터 값을 직접 대입하였다. 키보드로 데이터를 어떻게 입력하여 받을 수 있을까? 표준 입력 장치인 키보드에서 데이터를 읽는 함수로 scanf를 사용한다. scanf 함수는 stdio.h 파일에 선언되어 있다.

**예제 2-8** ▶ **키보드로 두 정수를 읽고 합을 구하는 프로그램을 작성하라.**

```
#include <stdio.h>
 void main()
{
      int x, y;
      int sum;

      printf("첫 번째 숫자 : ");
      scanf("%d",&x);
      printf("두 번째 숫자 : ");
      scanf("%d",&y);

      sum = x+y;
      printf("두 수의 합은 : %d", sum);
 }
```

```
첫 번째 숫자 : 2 ↵
두 번째 숫자 : 4 ↵
두 수의 합은 : 6
```

예제에서 scanf 함수로 키보드에서 입력을 받는데, 입력된 데이터를 저장할 변수를 선언해야 한다. scanf 함수에서 변수의 주소를 사용한다.

```
scanf("입력_형식", 입력_변수_주소);
int in;
scanf("%d" ,&in);
```

변수의 주소는 주소 연산자 &ampersand를 변수 앞에 쓴다.

scanf 함수를 통해 입력받을 수 있는 데이터의 입력 형식은 다음 표와 같다.

| 입력 형식 | 설명 |
|---|---|
| %c | 한 문자를 문자형으로 입력 받음 |
| %s | 문자열을 문자형 배열로 입력 받음 |
| %d | 10진수 정수를 입력 받음 |
| %o | 8진수 정수를 입력 받음 |
| %x | 16진수 정수를 입력 받음 |
| %f | 소수점으로 표현된 실수를 입력 받음 |

하나의 문자를 키보드로 읽으려면 문자형 변수를 선언하고, 입력 형식은 문자형인 %c를 사용한다. 반드시 변수 앞에 주소 연산자 &를 붙여야 한다.

```
char yn;
scanf("%c",&yn);
```

여러 개의 문자로 구성된 경우 문자 배열에 저장한다. 문자 배열은 대괄호 [ ] 사이에 크기를 적는데, 문자 수 보다 1 큰 수를 적는다. 19개까지의 문자를 저장하는 문자열 배열의 선언은 char name[20];이다. 이때 배열의 주소가 필요한 경우 배열의 이름만 name이라고 쓰면 된다. 주의 할 점은 주소를 &name으로 사용하지 않는다.

```
char name[20];
scanf("%s",name);
```

정수를 키보드로 읽으려면 정수형 변수를 선언하고, 입력 형식으로 정수형인 %d를 사용하고 주소 연산자 &를 사용한다,

```
int idata;
scanf("%d",&idata);
```

실수를 키보드로 읽으려면 실수형 변수를 선언하고, 입력 형식으로 실수형인 %f를 사용하고, 주소 연산자 &를 이용한다.

```
float fdata;
scanf("%f",&fdata);
```

**활용 05** 키보드로 이름과 나이를 입력받아 저장하고 출력하라.

＊참고 : 이름은 문자열 char name[20]을 사용하고 나이는 정수형을 사용한다.

## chapter_ 02 요약

- C언어 자료형 종류
  - 문자형: char
  - 정수형: short, int
  - 실수형: float, double
- 변수나 상수의 이름을 정하려면 작명 규칙을 따라야 한다.
- 변수는 프로그램 실행 중에 데이터 값을 변경할 수 있으나, 상수는 프로그램 실행 중에 값을 변경할 수 없다.
- 상수는 선행처리기의 #define 문으로 선언하거나, 예약어 const를 자료형 앞에 추가하는 방법이 있다.

### printf() 함수

- 사용 방법 : printf("출력_형식", 출력_데이터);
- 기본 출력 형식 : %c(문자), %s(문자열), %d(정수), %f(실수)
- 제어문자 : \n(줄바꿈), \b(알람), \r(줄의 첫 칸으로 이동), \t(탭 삽입)

### scanf() 함수

- 사용 규칙 : scanf("입력_형식", 입력_변수_주소);
- 주소 연산자 : &
- 변수의 주소 : 변수 이름 앞에 주소 연산자를 쓴다.
- 배열의 주소 : 배열 이름만 쓴다.
- 기본 입력 형식 : %c(한 문자), %s(문자열), %d(정수), %f(실수)

## chapter_ 02 Q&A

**Q** 다음 중 C언어의 변수로 사용할 수 없는 것을 모두 찾아라.

① Abc　　② _Def　　③ 9cd　　④ A_45

⑤ void　　⑥ abc　　⑦ de!f

③ 숫자가 첫 문자, ⑤ 예약어, ⑦ 특수문자 !

**Q** 변수의 주소를 이용하려면 어떻게 해야 할까?

변수 앞에 주소 연산자 &를 쓴다.

1 다음 변수 이름이 제대로 작성되었는지를 확인하라.

| 변수 이름 | 맞으면 O, 틀리면 X | 이유 |
|---|---|---|
| int sum | | |
| #width | | |
| _height | | |
| array | | |
| 2_test | | |
| array | | |
| printf | | |
| total# | | |

2 다음 데이터를 표현하는데 적당한 자료형과 변수이름을 기술하라.

| 데이터 | 자료형 | 변수 이름 |
|---|---|---|
| 사람의 나이 | | |
| 사람의 이름 | | |
| 사람의 몸무게 | | |
| 휴대전화 요금 | | |
| 시험 점수 | | |
| 한 반의 학생 수 | | |
| 지구와 태양의 거리 | | |
| 빛의 속도 | | |

**3** 다음과 같이 특수한 모양을 출력하는 프로그램을 작성하라.

```
   *
  * *
 *   *
*******
```

```c
#include <stdio.h>
void main()
{
        printf("%4c\n",'*');
        printf("%3c%2c\n",'*','*');
        printf("%2c%4c\n",'*','*');
        printf("*******\n");
}
```

**4** 원의 반지름을 입력하면 둘레와 면적을 구하는 프로그램을 작성하라.

```c
#include <stdio.h>
#define PI 3.14
void main()
{
      int radius;
      double length, area;

      printf("원의 반지름은? ");
      scanf("%d",&radius);

      length = 2.0*PI*radius;
      printf("반지름 %d인 원의 원주 = %.2f\n",radius,length);

      area = PI*radius*radius;
      printf("반지름 %d인 원의 면적 = %.2f\n",radius,area);
}
```

```
원의 반지름은? 3 ↵
반지름 3인 원의 원주 = 18.84
반지름 3인 원의 면적 = 28.26
```

문장 9의 데이터를 입력받을 때는 주소표시 &를 해준다. 실수를 출력할 때는 %f를 사용한다. 자리수를 지정할 때 %5.2f이면 전체 5자리에서 소수점 이하는 2자리이고 소수점(.)도 자리수로 계산한다.

## chapter_ 02 복습문제

1 컴퓨터에서 8비트로 ASCII 코드 한 문자를 표현하는 단위는 무엇인가?

2 C언어에서 출력 형식에 맞추어 화면에 출력이 가능한 함수는 무엇인가?

3 C언어에서 변수의 주소를 나타내는 연산자는 무엇인가?

4 C언어에서 변수 이름은 8자 이내로 만들어야 한다. [참 / 거짓]

5 printf() 함수로 출력할 때 정수 값을 연산할 수 있다. [참 / 거짓]

6 C언어에서 상수에 저장된 데이터 값을 변경할 수 없다. [참 / 거짓]

7 다음 중 변수의 이름으로 사용할 때 컴파일 오류가 발생하는 것은 무엇인가?

① _age ② aBc ③ *data ④ data0

8 다음 중 실행 오류가 있는 변수 선언은 무엇인가?

① char YN="Y" ② int age=35;

③ float weight=65.2; ④ double data=0.25;

9 다음 중 입력이 정상적으로 이루어지는 것은 무엇인가?

① char name[10]; scanf("%s",name);

② float data; scanf("%d",&data);

③ char yn; scanf("%c",yn);

④ float data; scanf("%f",data);

**10** 다음 문장에서 오류를 찾아 고쳐라.

① scanf("%d", value);　　② */ 덧셈 프로그램 */

**해답**

1. 바이트　2. printf()　3. &　4. 거짓　5. 참　6. 참　7. ③　8. ①　9. ①
10. ① &value　② /* 덧셈 프로그램 */

C | H | A | P | T | E | R 03

# 연산자와 수식

연산자는 어떤 연산이나 동작을 나타내는 기호를 말한다. C언어에서는 산술연산 뿐만 아니라 대입, 증감, 논리, 관계 연산자 등을 사용할 수 있다. C언어에서 수식은 연산자(operator)와 피연산자(operand)의 조합으로 구성된 계산식이다. 복잡한 연산의 경우 작은 수식을 결합하여 새로운 수식을 구성할 수 있다. 이때 작은 수식을 부수식이라 한다.

**학습목표**

- 여러 종류의 연산자를 활용한다.
- 산술 연산자로 계산을 한다.
- 변수의 형을 변환한다.
- 합과 평균을 계산하는 프로그램을 작성한다.

# 3.1 기본 연산자

프로그램에서는 각종 연산자를 이용하여 계산을 한다. 당연히 덧셈, 뺄셈, 곱셈, 나눗셈과 같은 산술 연산을 할 수 있다. 값을 비교하는 관계 연산, 논리적인 판단을 하는 논리 연산 등도 수행할 수 있다.

**예제 3-1** **두 정수 4와 2를 더하고(+) 곱한(*) 결과를 출력하는 프로그램을 작성하라.**

```
#include <stdio.h>
void main()
{
      int a=4, b=2;
      printf(" a+b = %d\n",a+b);
      printf(" a*b = %d\n",a*b);
}
```

```
a+b = 6
a*b = 8
```

## 1 산술 연산자

수학 계산에 사용되는 연산자를 산술 연산자arithmetic operator라고 한다. 산술 연산자는 다음과 같다.

| 연산자 | 연산자 이름 | a=6, b=3 | 결과 | 연산자 설명 |
|---|---|---|---|---|
| + | 덧셈 | a+b | 9 | a 더하기 b |
| - | 뺄셈 | a-b | 2 | a 빼기 b |
| * | 곱셈 | a*b | 18 | a 곱하기 b |
| / | 나눗셈 | a/b | 2 | a 나누기 b |
| % | 나머지 | a%b | 0 | a를 b로 나눈 나머지 |
| -(단항연산자) | 부호 변경 | -a | -6 | a의 부호를 변경 |

곱하기는 영어문자 'x'와 구분하기 위해 별표 '*'를 사용한다. 나누기 '÷' 기호가 키보드에 없으므로 나눗셈은 슬래시('/')를 사용한다. '%'는 어떤 값으로 나눈 후 나머지 값을 계산해주는 편리한 연산자이다. 예를 들어 '5%3=2'가 되며, 이는 5를 3으로 나누면 나머지가 2가 된다는 의미이다.

활용 01

4를 2로 나눈 몫과 나머지를 계산하여 출력하는 프로그램을 작성하라.

## 2 대입 연산자

'=' 연산자를 대입 연산자라 한다. 정수 변수 age에 나이로 20을 대입하자.

```
int age;
age = 20;
printf("%d\n", age);
```

'='의 왼쪽에 있는 age 부분을 왼쪽 값left value이라 부르고, '='의 오른쪽에 있는 20 부분을 오른쪽 값right value이라 한다.

데이터 객체Data object는 직접 데이터 값을 적는 경우를 말한다. age=20;에서 값을 나타내는 20을 "데이터 객체"라 부르며, 메모리의 데이터 영역에 저장된다. 영어로는 이런 숫자 값을 리터럴literal이라 한다.

```
int number;
number = 2500;
printf("%d\n", number);
```

피연산자operand는 연산의 대상이 되는 값 또는 변수를 의미한다.

- 2 + 3 = > 2와 3은 덧셈의 피연산자
- a * b = > a와 b는 곱셈의 피연산자

```
int a = 2, b = 3;
printf("%d\n",  2 + 3 );
printf("%d\n",  a * b );
```

## 3 축약 대입 연산자

C언어에서는 산술연산에서 연산 결과를 피연산자 중 하나에 저장하는 경우 피연산자를 생략하여 표현할 수 있다.

| 연산자 | 사용 예 | 확장한 표현 |
| --- | --- | --- |
| + = | a + = b; | a = a + b; |
| - = | a - = b; | a = a - b; |
| * = | a * = b; | a = a * b; |
| / = | a / = b; | a = a / b; |
| % = | a % = b; | a = a % b; |

**예제 3-2** ▶ **축약 대입 연산자를 사용하여 두 수를 더하여 출력하는 프로그램을 작성하라.**

```
#include <stdio.h>
void main()
{
        char a=4, b=7;

        printf(" a = %d, b = %d\n",a,b);
        a += b;              // 'a = a + b;'을 축약함
        printf(" a += b  >>>  a = %d\n",a);
}
```

```
a = 4, b = 7
a += b  >>>  a = 11
```

## 4 증감 연산자

증감 연산자에는 증가 연산자(++)와 감소 연산자(−−)가 있는데, 이 ++와 --가 변수 앞이나 뒤에 붙을 수 있다. 뒤에 붙이는 것을 후위 증가 또는 후위 감소 연산자라 하고, 앞에 붙이는 것을 전위 증가 또는 전위 감소 연산자라고 한다.

후위 증가 연산자는 'b++;'처럼 변수 뒤에 ++를 적는다. 후위 증가의 경우에 현재 줄에서는 이전 값이 유지되고, b 값이 1 증가하여 다음 줄로 간다. 따라서 'a+b++;'의 경우에 c 값이 6이 아니고 5가 된다는 것에 주의하자.

```
int a=3, b=2, c;
c=a + b++;   => c=5, b=2
c=a + b;     => c=6, b=3
```

전위 증가 연산자는 '++b;'처럼 먼저 1을 증가시키고 연산이 되므로 현재 줄에 영향을 미친다. 따라서 c 값은 6이 된다.

```
int a=3, b=2, c;
c=a + ++b;   => c=6, b=3
c=a + b;     => c=6, b=3
```

후위 감소 연산자는 'b--;'로 감소는 하지만, 현재 줄에는 영향을 미치지 않는다. 따라서 c 값은 5가 되고, 이어지는 다음 줄에서는 1이 감소된 4가 된다.

```
int a=3, b=2, c;
c=a+b--;     => c=5, b=2
c=a+b;       => c=4, b=1
```

전위 감소 연산자는 '--b;'로 먼저 1을 감소시키고 연산이 되므로 현재 줄에 영향을 미친다. 따라서 c 값은 4가 된다.

```
int a=3, b=2, c;
c=a+ --b;    => c=4, b=1
c=a+b;       => c=4, b=1
```

**예제 3-3** 정수 변수가 하나씩 증가되고 감소되는 프로그램을 작성하라.

```
#include <stdio.h>
void main()
{
	int a=4;
	printf(" a   = %d\n",a);
	printf(" a++ = %d\n", a++);
	printf(" a   = %d\n",a);
	printf(" --a = %d\n", --a);
}
```

```
a   = 4
a++ = 4
a   = 5
--a = 4
```

**활용 02** 정수 변수 int a=4;일 경우 전위 감소(증가) 연산자를 이용하여 하나씩 증가시키고 감소시키는 프로그램을 작성하라.

## 5 관계 연산자relational operator

관계 연산자는 기준 데이터와 주어진 데이터를 비교하여 만족 여부를 판단한다. 조건에 맞으면 참(1)을 조건에 맞지 않으면 거짓(0)을 출력하는 연산자이다.

| 연산자 | 판단 | a=5, b=7 | 결과 | 설명 |
|---|---|---|---|---|
| > | 크다 | a>b | 0 | a가 b보다 크면 참 |
| < | 작다 | a<b | 1 | a가 b보다 작으면 참 |
| >= | 크거나 같다 | a>=b | 0 | a가 b보다 크거나 같으면 참 |
| <= | 작거나 같다 | a<=b | 1 | a가 b보다 작거나 같으면 참 |
| == | 같다 | a==b | 0 | a와 b가 같으면 참 |
| != | 다르다 | a!=b | 1 | a와 b가 같지 않으면 참 |

참은 TRUE로 정의되며 숫자로는 1의 값이며, 거짓은 FALSE로 정의되고 숫자 0의 값을 가진다. 관계 연산자는 제어문의 판단 기준으로 많이 사용된다.

**예제 3-4** **10과 20에 대해서 관계 연산자로 크기를 비교하여 status에 저장하라.**

```
#include <stdio.h>
void main()
{
      int  n1=10, n2=20;
      int status;

      status = (n1 > n2);       // 거짓 = 0
      printf("%d > %d : 결과는 %d\n", n1, n2, status);
}
```

```
10 > 20 결과는 0
```

## 6 논리 연산자

참(1)과 거짓(0)의 입력에 대한 AND, OR, NOT의 논리 연산 후 결과를 논리 값으로 표현하는 연산이다. AND는 입력이 모두 1이면 출력이 1이다. OR의 경우 입력이 하나라도 1이면 출력이 1이다. NOT은 입력에 대해 출력이 반전된다.

| | AND | |
|---|---|---|
| 입력1 | 입력2 | 출력 |
| 0 | 0 | 0 |
| 0 | 1 | 0 |
| 1 | 0 | 0 |
| 1 | 1 | 1 |

| | OR | |
|---|---|---|
| 입력1 | 입력2 | 출력 |
| 0 | 0 | 0 |
| 0 | 1 | 1 |
| 1 | 0 | 1 |
| 1 | 1 | 1 |

| NOT | |
|---|---|
| 입력 | 출력 |
| 0 | 1 |
| 1 | 0 |

논리 연산을 수행하는 연산자로 'AND(&&)', 'OR(||)', 'NOT(!)'이 있다. 입력에 대하여 참(1)과 거짓(0)의 논리 값으로 출력하는 연산자이다. 논리 입력에서 거짓은 '0'이고, 0 이외의 모든 수와 문자는 모두 참으로 판단한다.

| 연산자 | 의미 | 예제 | 설명 |
|---|---|---|---|
| && | AND | 수식1 && 수식2 | 수식1과 수식2 모두 참일 때 참 |
| \|\| | OR | 수식1 \|\| 수식2 | 수식1이나 수식2 둘 중 하나가 참일 때 참 |
| ! | NOT | !수식1 | 수식1이 참이면 거짓, 거짓이면 참 |

수식1, 수식2는 하나의 변수일 수도 있지만 관계식일 수도 있다. 논리 연산의 예는 다음과 같다.

| 예제 | 해석 | 결과 | 값 |
|---|---|---|---|
| 3>2 && 1>2 | 참 && 거짓 | false | 0 |
| 3>2 \|\| 1>2 | 참 \|\| 거짓 | true | 1 |
| !(4>7) | !거짓 | true | 1 |

**예제 3-5** 'int n1=10, n2=5;'와 'char ch1='A', ch2='B'';에 대해서 논리 연산자 AND(&&)와 OR(||)을 활용한 프로그램을 작성하라.

```
#include <stdio.h>
void main()
{
        int  n1=10, n2=5;
        char ch1='A', ch2='B';
        int status;

        status = (n1 < n2) && (ch1 != ch2);
        printf("%d && %d => %d\n", (n1 < n2),
                                    (ch1 != ch2),status);

        status = (n1 < n2) || (ch1 != ch2);
        printf("%d || %d => %d\n", (n1 < n2),
                                    (ch1 != ch2),status);
 }
```

```
0 && 1 => 0
0 || 1 => 1
```

## 7 형 변환

두 값을 연산할 때 자료형이 서로 다른 경우 연산 결과는 더 큰 자료형으로 변환된다. 이때 연산의 결과를 저장하는 변수의 자료형이 아니라 피연산자의 자료형에 따라 연산 결과의 자료형이 결정된다. 자료형을 큰 값을 저장할 수 있는 것부터 차례로 나열하면 다음과 같다.

```
double > float > int > short > char
```

```
int a=5, b=2;
float c;
c = a/b;
```

수학에서 5를 2로 나누면 값이 2.5이지만 컴퓨터 연산 결과는 c=2.0이다. 왜냐하면 a와 b는 정수형이므로 a/b의 연산 결과는 정수 2가 된다. 정수 2를 실수형 변수 c에 대입하면 2.0이 된다.

정수인 변수 a나 b 중 하나를 실수형으로 변환하여 계산하면 정확한 연산 결과를 얻을 수 있다.

C언어에서는 연산을 실행할 때만 일시적으로 변수의 자료형을 변환하는 형 변환 연산자가 있다.

형 변환을 하는 방법은 변수 앞에 괄호 속에 형을 적는다. 'c=(float)a/b;'는 정수 a가 (float)a를 통해 실수로 바뀌고 c 값은 2.5가 된다.

```
int a=5, b=2;
float c;
c = (float)a/b;      // 연산 결과 c = 2.5 이다.
```

**예제 3-6** **국어, 영어, 수학 3과목의 총점과 평균을 구하는 프로그램을 작성하라.**

```
#include <stdio.h>
void main()
{
     int kor=90, eng=83, math=90;
     int sum;
     float average;

     sum = kor+eng+math;
     average = (float)sum/3;

     printf("총점 = %d 평균 = %5.2f\n", sum, average);
}
```

```
총점 = 263 평균 = 87.67
```

정수 점수에 대한 총점은 정수, 평균은 소숫점이 있는 실수이다. 따라서 평균을 계산할 때는 정수인 총점을 실수로 변환한 후 계산해야 정확한 계산 결과를 얻을 수 있다. 실수형으로 변환하기 위해서 (float)를 사용하여 정수를 실수형으로 변환하였다. 지금까지 학습한 연산자를 모두 정리하면 다음과 같다.

<table>
<tr><th>연산자</th><th>종류</th></tr>
<tr><td>산술 연산자</td><td>+(덧셈), -(뺄셈), *(곱셈), /(나눗셈), %(나머지)</td></tr>
<tr><td>단항 연산자</td><td>-(부호변환), --(감소), ++(증가)</td></tr>
<tr><td>관계 연산자</td><td>>(크다), <(작다), >=(크거나 같다), <=(작거나 같다), ==(같다), !=(다르다)</td></tr>
<tr><td>논리 연산자</td><td>&&(AND), ||(OR), !(NOT)</td></tr>
<tr><td>대입 연산자</td><td>=, +=, -=, *=, /=, %=</td></tr>
<tr><td>형변환 연산자</td><td>변수 앞, ( ) 속에 변환할 자료형을 쓴다.</td></tr>
</table>

## 3.2 연산자의 우선순위 및 방향

연산자들은 우선순위와 방향을 고려해야 한다. 1+2*3의 경우 값이 얼마가 될까? (1+2)*3이라 생각하면 9가 되고, 1+(2*3)으로 계산하면 7이 된다. 컴퓨터에서는 printf("%d", 1+2*3);의 값은 7이다. 덧셈과 곱셈 연산자가 함께 사용되면 곱셈 연산자를 먼저 처리하는 것이 우선순위이다. 우선 순위표는 다음과 같다.

<table>
<tr><th>순위</th><th>연산자</th><th>우선순위</th><th>적용방향</th></tr>
<tr><td>1</td><td>괄호</td><td>( )</td><td>왼쪽 → 오른쪽</td></tr>
<tr><td>2</td><td>단항 연산자</td><td>-, ++, --, !, ~, 형변환 연산자, sizeof, *(포인터), &(주소 연산자)</td><td>왼쪽 ← 오른쪽</td></tr>
<tr><td>3</td><td rowspan="2">산술 연산자</td><td>*, /, %</td><td>왼쪽 → 오른쪽</td></tr>
<tr><td>4</td><td>+, -</td><td>왼쪽 → 오른쪽</td></tr>
<tr><td>5</td><td rowspan="2">관계 연산자</td><td><, >, <=, >=</td><td>왼쪽 → 오른쪽</td></tr>
<tr><td>6</td><td>= =, ! =</td><td>왼쪽 → 오른쪽</td></tr>
<tr><td>7</td><td rowspan="2">논리 연산자</td><td>&&</td><td>왼쪽 → 오른쪽</td></tr>
<tr><td>8</td><td>||</td><td>왼쪽 → 오른쪽</td></tr>
<tr><td>9</td><td>대입 연산자</td><td>=, +=, -=, *=, /=, %=</td><td>왼쪽 ← 오른쪽</td></tr>
</table>

연산자 우선순위가 지정되어 있지만 프로그래머의 혼란을 줄이기 위하여 괄호로 우선순위를 명확히 하는 것이 좋다.

## 3.3 수식과 문장

### 1 수식expression

수식은 연산자operator와 피연산자operand의 조합으로 구성된 계산식이다. 복잡한 연산의 경우 작은 수식을 결합하여 새로운 수식을 구성할 수 있다. 이때 작은 수식을 부수식sub expression이라 한다.

```
sum = 1 + 2;
result = 3 + sum;
=> result = 3 + (1 + 2);
```

첫 번째 줄의 sum = 1 + 2;를 두 번째 줄에서 볼 때 부수식이라 한다.

### 2 문장statement

문장은 프로그램에서 수행할 하나의 실행 단위이다. 문에는 선언문, 수식문, 제어문, 함수 선언문 등이 있다. 단순문은 한 개의 실행 명령으로 이루어진 문이다.

### 3 복합문

두 개 이상의 문을 중괄호 { }블록으로 묶어 하나의 실행 그룹을 만든 것을 복합문이라 한다. main()를 비롯한 함수는 함수 실행을 수행하는 복합문으로 구성된다. 한 줄 이상을 하나의 덩어리로 처리하려면 중괄호를 이용하여 복합문으로 구성하면 된다.

```
{
    int i;
    i = i + 2;
    printf("%d\n", i);
}
```

## chapter_ 03 요약

**연산자의 종류**

산술 연산자, 대입 연산자, 증감 연산자, 관계 연산자, 논리 연산자 등

**연산자의 우선순위**

C언어의 연산자의 순서는 일반적인 수학 계산순서와 비슷하다. 괄호 연산자가 다른 연산자보다 우선이고, 곱하기와 나누기가 더하기와 빼기보다 우선이다.

**피연산자**

연산의 대상이 되는 값 또는 변수를 피연산자라고 한다.

**증가 및 감소 연산의 순서**

후위 증가 (a++)는 현재 줄에는 a가 증가되지 않고, 다음 줄에서 증가된다.
전위 증가 (++a)는 현재 줄에서 a가 증가된다.

**관계 연산자는 주어진 데이터와 기준 데이터를 비교하여 만족한지를 판단한다. 조건에 맞으면 (1), 틀리면 (0)을 출력한다.**

## chapter_ 03 Q&A

**Q** 다음 수식에서 사용된 연산자를 우선순위가 높은 것부터 나열하라.

z = x * y++;

++, *, =

**Q** −(2+3)은 어떤 연산자를 적용한 것인가?

괄호 속의 2항 연산 후 단항 연산을 적용

## chapter_ 03 실습예제

1 mile로 표현된 거리를 meter로 변환하는 프로그램을 작성하라. 1마일은 1.609미터이다.

2 아르바이트의 일당이 3만원이라고 할 때 날짜에 따라 받을 수 있는 돈을 계산하는 프로그램을 작성하라.

3 어떤 학생의 말하기와 글쓰기, 컴퓨터 기초, 영어 성적을 입력하면 평균을 계산하는 프로그램을 작성하라.

4 삼각형의 밑변과 높이를 입력하여 면적을 계산하는 프로그램을 작성하라.

```
#include <stdio.h>
void main()
{
	int height, length;
	float area;

	printf("삼각형 높이는? ");
	scanf("%d",&height);
	printf("삼각형 밑변은? ");
	scanf("%d",&length);

	area = (float)height*(float)length/2.0;
	printf("삼각형 면적 = %.1f\n", area);
}
```

```
삼각형 높이는? 2 ↵
삼각형 밑변은? 7 ↵
삼각형 면적 = 7.0
```

삼각형의 높이와 밑변 길이는 정수형 변수로 만든다. C언어에서 곱하기 기호는 '*'를 사용한다, 문장 13에서 %f사이의 '.1'은 소수점 한자리까지 실수를 표현한다는 의미이다.

5 입력된 데이터가 짝수이면 0, 홀수이면 1을 출력하는 프로그램을 작성하라.

```
1   #include <stdio.h>
2   void main()
3   {
4        int data, status;
5
6        printf("정수 하나를 입력 : ");
7        scanf("%d",&data);
8
9        status = data % 2;
10       printf("0이면 짝수, 1이면 홀수 : 결과는 %d\n",status);
11  }
```

```
정수 하나를 입력 : 13
0이면 짝수, 1이면 홀수 : 결과는 1
```

문장 9의 결과는 0이 아니면 1로 주어진다. 입력된 값[data]에 대하여 2로 나눈 나머지가 0인가 1인가에 따라 홀수인가 짝수인가 알 수 있다. 여기서 'data % 2'의 결과가 0이면 짝수이고, 1이면 홀수가 된다.

## chapter_ 03 복습문제

1 산술 연산자 중에 나눗셈 결과에서 나머지를 구하는 연산자는 무엇인가?

2 논리 연산자에서 두 값 중에 하나만 참이면 참이 되는 것은 무엇인가?

3 C언어에서는 산술연산에서 연산 결과를 피연산자 중 하나에 저장하는 경우 피연산자를 생략하여 표현할 수 있는 연산자는 무엇인가?

4 C언어의 산술연산에서 정수와 정수 연산의 결과는 항상 정수이다. [ **참 / 거짓** ]

5 자료형을 바꾸어 주는 형변환 연산자는 중괄호 { } 속에 변환할 자료형을 적어주는 것을 말한다. [ **참 / 거짓** ]

6 C언어에서 연산 순위를 명확하게 표현하기 위하여 사용하는 ( ) 연산자는 우선순위가 가장 높은 연산자 중 하나이다. [ **참 / 거짓** ]

7 다음 연산의 결과가 바르게 표현된 것은 무엇인가?

① int a, b=3; a=b++; 결과 a=3, b=4

② float a; a=3/2; 결과 a=1.5

③ float a; a=3/(float)2; 결과 a=1.5

④ int a, b=3; a=b--; 결과 a=3, b=3

8 다음 연산의 결과가 바른 것 두 개를 찾아라.

① 3>2 && 1>2 결과 0

② 3>2 || 1>2 결과 1

③ !(4>7) 결과 0

④ 3>2 && 2<1 결과 1

9 다음 관계 연산자 중에서 '두 요소는 같다'라는 의미를 가지고 있는 것은 무엇인가?

① = ② == ③ != ④ >=

10 다음 문장에 주어진 조건에 해당하는 조건문을 작성하라.

: '나이(age)가 20세 이상이고 27세 미만'인 사람의 모임

**해답**

1. 나머지 연산자(%) 2. OR 연산자(||) 3. 축약 대입 연산자 4. 참 5. 거짓 6. 참
7. ③ 8. ② 9. ② 10. (20 <= age && age < 27)

C | H | A | P | T | E | R **04**

# 조건문

C언어 프로그램에서 기본적으로 각 문장들은 위에서 아래로 왼쪽에서 오른쪽으로 순차적으로 실행된다. 하지만 어떤 조건에 따라 다른 일을 수행하거나 조건이 만족될 때까지 반복적으로 일을 수행하는 많은 문제들은 이런 단순한 흐름으로는 해결하기 어렵다. 문장이 실행되는 순서에 영향을 주는 제어문을 이용하여 보다 효율적인 문제 해결 방법을 찾고자 한다.
이 제어문에는 조건에 따라 실행을 다르게 하는 조건문과 조건에 따라 실행을 반복하게 하는 반복문이 있다. 이 장에서는 먼저 조건문인 if 문과 switch 문에 대하여 학습하도록 한다.

**학습목표**

- if 조건문의 기본적인 사용법을 학습한다.
- 여러 개의 if 문을 함께 사용하는 다중 if 문을 학습한다.
- 다른 형태의 조건문인 switch-case 문의 사용법을 학습한다.

## 4.1 if 문

조건에 따라 문장 실행여부를 결정하는 조건문으로 if 문이 있다. if 문은 '만일 ~하면' 이라는 의미대로 주어진 조건식이 만일 만족하면 설정된 문장을 실행하게 한다. 그렇다면 C언어 프로그램에서 조건문이 어떻게 만들어질까? 우리는 일상생활에서 '만일(if) ~하면, …한다.'라는 말을 자주 사용한다. 예를 들어 '만일 날씨가 더우면, 수영장에 간다.'라고 한다. 날씨가 더운 정도를 값으로 좀 더 명료하게 정의하여 조건문 구문으로 작성하여 보자.

if: 만일
조건: 온도가 30도가 넘으면
실행: "수영장에 간다"를 출력

➡

```
if(temp 30)
   printf("수영장에 간다");
```

### if 문 구문 형식과 프로그램 흐름도

```
if(조건식)
    문장;
```

조건식 결과가
참이면, 문장을 실행하고
거짓이면, 문장을 실행하지 않는다.

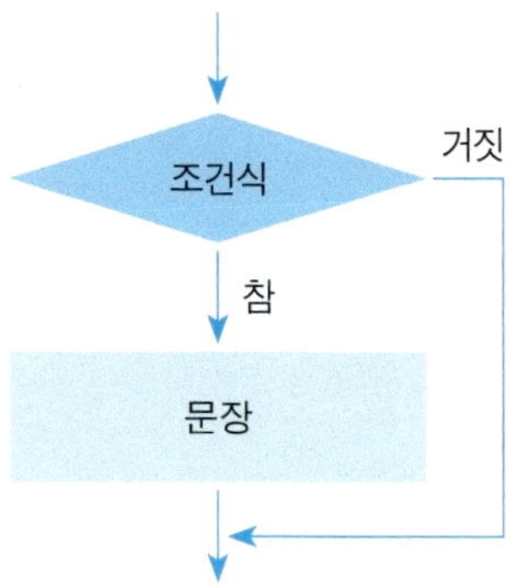

**예제 4-1** 앞에서 주어진 예를 C언어 프로그램으로 작성하라.

```c
#include <stdio.h>
void main()
{
      int temp;

      printf("지금 온도는 몇 도 : ");
      scanf("%d",&temp);

      if(temp > 30)
          printf("수영장에 간다.\n");
}
```

```
지금 온도는 몇 도 : 35 ↵
수영장에 간다.
```

구문 형식의 if 문 조건식은 그 결과가 참이거나 거짓으로 판별되는 수식을 말한다. 따라서 조건식은 대개 앞장에서 배운 관계 연산자를 이용하여 만들어지며, 필요에 따라 산술 연산자나 논리 연산자도 함께 사용된 수식이다. if 문에 사용되는 조건식의 예를 들어보면 다음과 같다.

| 조건식 | 의미 및 결과 |
|---|---|
| if(num == 10) | num이 10이면 참 |
| if(num >= 20) | num이 20보다 크거나 같으면 참 |
| if(num%5 == 0) | num을 5로 나눈 나머지가 0이면 참 |
| if(num > 0 && num <100) | num이 0보다 크고 100보다 작으면 참 |

이와 같이 if 문의 조건식은 관계 연산자가 포함된 수식으로 구성된다. 이제 몇 가지 예제를 통해 if 문의 활용 방법을 알아보도록 하자.

**예제 4-2** **임의의 정수 한 개를 입력받아, 그 수가 짝수인지를 판별하여 출력하는 프로그램을 작성하라.**

```
#include <stdio.h>
void main()
{
      int num;

      printf("정수 하나를 입력 : ");
      scanf("%d",&num);

      if(num%2 == 0)          // num를 2로 나눈 나머지가 0이면
          printf("입력된 수는 짝수이다.\n");
}
```

```
정수 하나를 입력 : 6↵
입력된 수는 짝수이다.

정수 하나를 입력 : 5↵
```

예제에서 if 문의 조건과 관련된 수식 'num%2'에서 나머지 연산자 %를 이용하였다. 임의의 정수를 2로 나누면 몫으로 얼마가 주어지고 나머지는 반드시 0이 아니면 1, 둘 중에 하나가 생긴다. 그리고 정수가 2, 4, 6, … 즉 짝수인 경우에만 그 나머지가 모두 0이 된다. 따라서 'num%2==0'(num를 2로 나눈 나머지가 0인가?)라는 조건식의 결과가 참이면 입력된 수는 짝수이므로 설정된 문장인 printf 문을 실행하게 된다.

**활용 01** 임의의 정수 한 개를 입력받아, 그 수가 3의 배수이면 '입력된 정수는 3의 배수이다.'라고 출력하는 프로그램을 작성하라.

앞의 예제에서 입력된 수가 짝수인 경우에는 설정된 결과가 잘 출력되지만, 만일 입력된 수가 홀수라고 가정한다면 아무 결과도 출력 없이 프로그램이 종료된다. 이런 경우 if 문이 제대로 수행되었는지를 알 수가 없다. 그렇다면 입력된 수가 짝수인지 홀수인지를 판별하여 각각의 경우에 대한 결과를 printf 문으로 출력하는 프로그램을 생각해 보자.

**예제 4-3** ▶ **임의의 정수 하나를 입력받아, 그 수가 짝수인지 홀수인지를 판별하여 출력하는 프로그램을 작성하라.**

```
1  #include <stdio.h>
2  void main()
3  {
4        int num;
5
6        printf("정수 하나를 입력 : ");
7        scanf("%d",&num);
8
9        if(num%2 == 0)
10           printf("입력된 수는 짝수이다.\n");
12
13       if(num%2 == 1)
14           printf("입력된 수는 홀수이다.\n");
15 }
```

```
정수 하나를 입력 : 6↵
입력된 수는 짝수이다.

정수 하나를 입력 : 7↵
입력된 수는 홀수이다.
```

결과는 우리가 원한대로 짝수와 홀수를 잘 구별하여 적절한 결과를 출력시킨다는 것을 확인할 수 있다. 하지만, 문장 9와 13의 if 문 2개가 반복되면서 조건 수식이 두 번이나 실행되는 복잡한 구조가 된다. 이를 하나의 조건식으로 해결할 수 있는 방법이 없을까 고민해 보자.

## 4.2 if-else 문

if-else 문은 조건식의 결과가 참과 거짓 모든 경우에 실행할 문장이 주어지는 조건문이다. 예를 들어, 임의의 정수는 짝수가 아니라면 무조건 홀수이다. 따라서 만일 어떤 정수가 짝수인가 판별하여 그 결과가 참이면(if) 짝수이고 아니라면(else) 홀수가 된다. 이러한 논리를 적용한 조건문이 다음과 같이 정의된 if-else 문이다.

### if-else 구문 형식과 프로그램 흐름도

```
if(조건식)
    문장1;
else
    문장2;
```

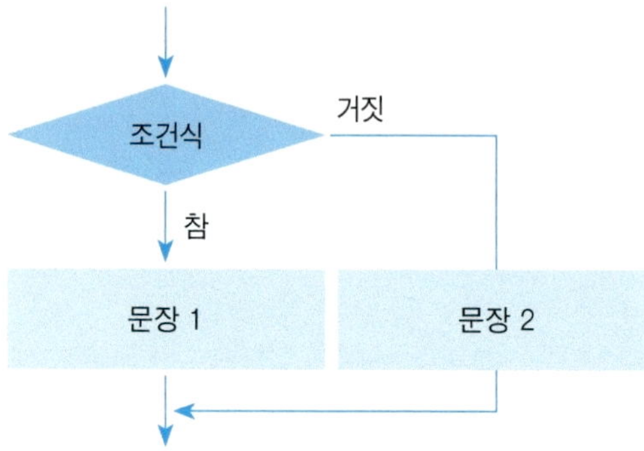


조건식 결과가
참이면, 문장 1을 실행하고
거짓이면, 문장 2를 실행한다.

**예제 4-4** **(예제 4-3)을 if-else 문 형식으로 프로그램을 작성하라.**

```
#include <stdio.h>
void main()
{
        int num;

        printf("정수 하나를 입력 : ");
        scanf("%d",&num);

        if(num%2 == 0)
            printf("입력된 수는 짝수이다.\n");
        else
            printf("입력된 수는 홀수이다.\n");
}
```

```
정수 하나를 입력 : 6 ↵
입력된 수는 짝수이다.

정수 하나를 입력 : 7 ↵
입력된 수는 홀수이다.
```

**활용 02** 오늘의 온도를 입력받아, 0도 이상이면 "영상의 날씨", 아니면 "영하의 날씨"라고 출력하는 프로그램을 작성하라.

if 문에서 조건식의 결과 실행할 문장이 두 개 이상이면 반드시 그 문장들 앞뒤에 중괄호로 묶어주어야 한다. 지금까지 예제들은 실행할 문장이 하나 밖에 없었기에 중괄호 표기를 생략할 수 있었다.

**예제 4-5** **정수 하나를 입력받아, 그 수가 0보다 큰가를 판별하여 입력된 수와 함께 결과를 출력하는 프로그램을 작성하라.**

```
#include <stdio.h>
void main()
{
	int num;

	printf("정수 하나를 입력 : ");
	scanf("%d",&num);

	if(num > 0)
	{
		printf("입력된 수는 %d이고,",num);
		printf("이 수는 0보다 큰 수이다.\n");
	}
	else
	{
		printf("입력된 수는 %d이고,",num);
		printf("이 수는 0보다 작은 수이다.\n");
	}
}
```

```
정수 하나를 입력 : 30 ↵
입력된 수는 30이고, 이 수는 0보다 큰 수이다.
```

이 예제에서 조건문의 참과 거짓에 따라 실행할 문장은 각각 2개씩 주어져 있다. 만일 중괄호로 2개 문장을 묶어주지 않으면 앞 쪽 문장 하나만 수행하고 if 문 블록을 벗어나므로 우리가 원하는 결과를 얻을 수 없게 된다. 따라서 앞으로 배우는 제어문에서 실행할 문장이 두 개 이상일 경우에는 반드시 중괄호로 묶어주는 것을 잊지 말아야 한다.

**활용 03**

임의의 두 개의 정수를 입력받아, 입력된 수를 먼저 출력하고, 앞의 수가 크면 두 수의 합을, 그렇지 않으면 두 수의 곱을 출력하는 프로그램을 작성하라.

if 문의 사용에서는 조건식을 어떻게 표현할 것인가와 그 조건식에 따른 결과로 어떤 경우의 수가 있는가를 잘 분석해야 한다. 짝수와 홀수 판별 문제에서는 짝수가 아니면 홀수이므로 조건식에 대한 경우의 수는 두 가지뿐이다. 이제 조건식의 결과에 대한 경우의 수가 두 가지보다 많은 경우를 생각해 보자.

**예제 4-6** ▶ **정수 하나를 입력받아, 그 수가 양수인지 음수인지 판별하여 출력하는 프로그램을 작성하라.**

```
#include <stdio.h>
void main()
{
	int num;

	printf("정수 하나를 입력 : ");
	scanf("%d",&num);

	if(num > 0)
		printf("입력된 수는 양수이다.\n");
	else
		printf("입력된 수는 음수이다.\n");
}
```

```
정수 하나를 입력 : 10 ↵
입력한 수는 양수이다.

정수 하나를 입력 : 0 ↵
입력한 수는 음수이다.
```

정수에는 양수와 음수 그리고 0이라는 세 가지 경우가 존재한다. 이 예제에서는 양수와 음수는 잘 판별하지만, 만일 0이 입력된다면 주어진 조건식이 거짓이므로 '입력된 수는 음수이다.'라는 출력이 결과로 주어진다. 이와 같이 조건에 대한 경우의 수가 세 가지가

되면 if-else 문으로는 완전하게 문제를 해결할 수 없다. 따라서 우리는 if-else 문을 확장하여 조건에 대한 경우의 수가 세 가지 이상이라도 사용할 수 있는 조건문을 만들어야 한다.

## 4.3 다중 if 문

다중 if 문은 여러 가지의 조건식에 의하여 다중으로 분기가 이루어지는 문제를 해결하는 경우에 사용된다. if 문에서 else 다음에는 조건식이 존재할 수 없다. 따라서 else if 형태로 새로운 조건식을 계속적으로 추가하는 구문 형식을 갖는다.

#### 다중 if 문 구문 형식과 프로그램 흐름도

```
if(조건식1)
   문장1;
else if(조건식2)
   문장2;
 ...
else
   문장n;
```

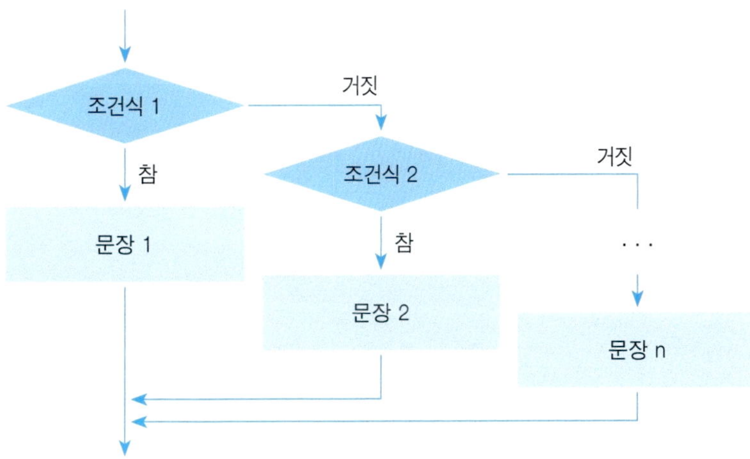

**예제 4-7** **정수 하나를 입력받아, 그 수가 0보다 크면 양수, 0이면 0, 0보다 작으면 음수라는 결과를 출력하는 프로그램을 작성하라.**

```
#include <stdio.h>
void main()
{
      int num;

      printf("정수 하나를 입력 : ");
      scanf("%d",&num);

      if(num > 0)
          printf("입력된 수는 양수이다.\n");
      else if(num == 0)
          printf("입력된 수는 0이다.\n");
      else
          printf("입력된 수는 음수이다.\n");
}
```

```
정수 하나를 입력 : 10 ↵
입력한 수는 양수이다.

정수 하나를 입력 : 0 ↵
입력한 수는 0이다.
```

첫 번째 if 문 조건식으로 양수를 판별하고, 그렇지 않으면(else) 다시 두 번째 if 문 조건식으로 0인가를 판단한다. 양수도 0도 아니면(else) 마지막에 주어진 문장인 printf 문을 실행하게 된다.

**활용 04** 오늘의 온도를 입력받아, 30도 이상이면 "더운 날씨", 20~30도 사이면 "적당한 날씨", 20도 이하이면 "추운 날씨"라고 출력하는 프로그램을 작성하라.

이와 같이 다중 if 문은 if 문 다음에 여러 개의 else if 문을 연속적으로 사용하여 문제를 해결할 수 있다. 순차적으로 주어진 여러 개의 조건식을 검사하다가 그 결과가 참이면 관련된 문장이나 블록을 실행시키고 if 문을 종료한다.

**예제 4-8** 이번 학기 국어 성적을 0~100 사이의 정수 값으로 입력받아 해당되는 평점 A, B, C, D, F를 출력하는 프로그램을 작성하라.

```
#include <stdio.h>
void main()
{
        int kor;

        printf("국어 성적<0~100점>을 입력 : ");
        scanf("%d",&kor);

        if(kor >= 90)
            printf("A 학점\n");
        else if(kor >= 80)
            printf("B 학점\n");
        else if(kor >= 70)
            printf("C 학점\n");
        else if(kor >= 60)
            printf("D 학점\n");
        else
            printf("F 학점\n");
}
```

```
국어 성적<0~100점>을 입력 : 87 ↵
B 학점
```

## 4.4 switch 문

switch 문도 조건에 따라 프로그램의 흐름을 분기시키는 기능을 가지고 있다. 일반적으로 if 문은 조건이 참이냐 거짓이냐에 따라 실행할 문장이 결정된다. 그러나 조건에 대한 경우의 수가 많으면 if 문보다 switch 문의 사용이 더 편리하다.

### switch 문 구문 형식과 프로그램 흐름도

```
switch(조건 값){
   case 값 1:
      문장 1;
      break;
   case 값 2:
      문장 2;
      break;
   ...
   default:
      문장 n;
}
```

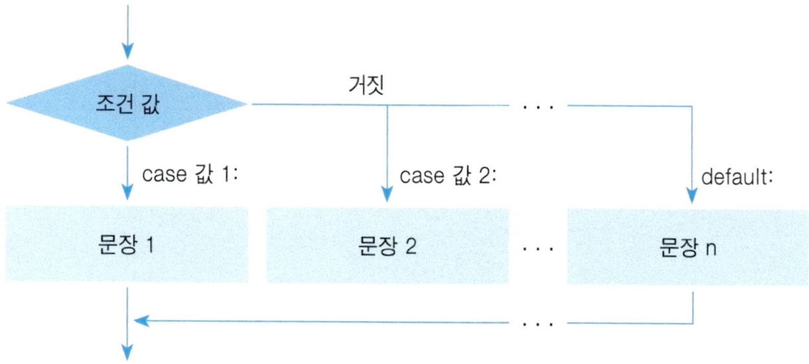


switch 문의 조건 값이 수식일 때는 결과가 정수 형태의 값으로 주어져야 한다. 이 수식의 결과 값들에 해당하는 각각의 문장을 실행하고 이어지는 break 문을 만나면 종료하게 된다. 만일에 일치하는 조건 값이 존재하지 않는다면 default 문에 속한 문장을 실행하고 종료한다.

### break 문 역할

break 문은 제어문에서 자주 사용되는데 그 기능은 중괄호로 묶인 블록에서 벗어나도록 한다. 따라서 switch 문에서 break 문을 만나면 블록을 벗어나게 하므로 switch 문이 무조건 종료된다.

switch 문에서 break 문이 없으면 선택된 case 문에 속한 문장을 실행하고 이어서 다음 case 문에 속한 문장도 함께 실행하게 된다. 가끔은 switch 문 사용에서 break 문이 없도록 하여 유용하게 활용할 수 있지만, 잘못 사용되면 중대한 프로그램 오류가 생기므로 주의 깊게 사용하여야 한다.

**예제 4-9** 정수 1, 2, 3이 입력되면 그 각각의 수에 해당되는 영어 one, two, three가 출력되는 프로그램을 작성하라.

```
#include <stdio.h>
void main()
{
	int num;

	printf("정수 1, 2, 3 중 하나를 입력 : ");
	scanf("%d",&num);

	switch(num){
		case 1:  printf("one\n");
		           break;
		case 2:  printf("two\n");
		           break;
		case 3:  printf("three\n");
	}
}
```

```
정수 1, 2, 3 중 하나를 입력 : 1↵
one

정수 1, 2, 3 중 하나를 입력 : 5↵
(결과 없음)
```

입력된 정수가 1이면 조건 값이 1이 되므로 'case 1:'에 속한 printf 문을 실행시키고 연이은 break 문이 실행되어 switch 문은 종료된다. 그리고 'case 3:'에는 break 문이 없는데, 있어도 문법적인 오류는 아니지만 마지막 case 문에서는 문장을 실행한 후 자동으로 switch 문이 종료되므로 break 문이 필요하지 않다. 그리고 이 예제의 마지막 case 문인 'case 3:'은 'default:'로 구문을 바꾸어도 된다.

그런데 이 예제에서 정수 1, 2, 3 외의 정수가 입력되면 결과는 어떻게 될까? 실제 입력 값으로 5를 주면 해당되는 case 문이 없기 때문에 아무런 결과도 출력하지 않고 switch 문이 종료되는 것을 알 수 있다. 이렇게 되면 switch 문이 제대로 실행되었는지 확인이 안 된다.

활용 05

switch 문을 이용하여 (예제 4-3)에 주어진 문제를 해결하는 프로그램을 작성하라.

**예제 4-10** ▶ **(예제 4-9)에서 설정된 세 정수가 입력되지 않으면 '잘못 입력되었습니다.'라고 출력하는 프로그램으로 수정하여 작성하라.**

```
#include <stdio.h>
void main()
{
        int num;

        printf("정수 1, 2, 3 중 하나를 입력 : ");
        scanf("%d",&num);

        switch(num){
                case 1:  printf("one\n");
                         break;
                case 2:  printf("two\n");
                         break;
                case 3:  printf("three\n");
                         break;
                default:  printf("잘못 입력되었습니다."\n);
        }
}
```

```
정수 1, 2, 3 중 하나를 입력 : 2↲
two

정수 1, 2, 3 중 하나를 입력 : 5↲
잘못 입력되었습니다.
```

앞에서 언급된 바와 같이 동일한 결과를 얻을 수 있는데, 동시에 이 예제는 제시된 세 가지 정수가 입력되지 않으면(default), printf 문이 실행되어 '잘못 입력되었습니다.'라는 메시지가 출력되는 것을 알 수 있다. switch 문에서 조건 값이 어떠한 case 문에도 해당되지 않는 경우에 default 문에 속한 문장이나 블록을 실행한다. 그리고 default 문에는 break 문이 없다는 것도 주의하기 바란다. break 문이 있어도 문법적인 오류가 생기지는 않지만 문장이 실행되고 바로 switch 문이 종료되므로 있어도 그 기능을 제대로 못한다는 것을 알 수 있다.

**활용 06**

switch 문을 사용하여 정수 1이나 3이 입력되면 '남자 주민등록번호', 2나 4가 입력되면 '여자 주민등록번호', 그 외의 정수가 입력되면 '잘못 입력되었습니다.'라고 출력되는 프로그램을 작성하라.

### 예제 4-11 ▶ switch 문을 이용하여 (예제 4-7)의 프로그램을 작성하라.

```
#include <stdio.h>
void main()
{
        int kor;

        printf("국어 성적<0~100점>을 입력 : ");
        scanf("%d",&kor);

        switch(kor/10){
              case 10:
              case 9:
                      printf("A 학점\n");
                      break;
              case 8:
                      printf("B 학점\n");
                      break;
              case 7:
                      printf("C 학점\n");
                      break;
              case 6:
                      printf("D 학점\n");
                      break;
              default:
                      printf("F 학점\n");
        }
}
```

```
국어 성적<0~100점>을 입력 : 95 ↵
A 학점
```

정수형 변수 kor에는 0에서 100까지 정수가 저장된다. 그리고 연산에서 '정수/정수'를 하면 그 결과도 정수로만 주어진다. 따라서 switch 문 수식 'kor/10'의 조건 값은 0부터 10까지 정수로 주어진다. 성적이 100점이면 조건 값이 10이 되고, 이 경우는 break 문이 없으므로 다음 case 문에 해당하는 문장을 실행한다. 그리고 성적이 90점에서 100점 사이라면 조건 값이 9가 되고 해당되는 case 문에 속한 printf 문을 실행한다. 동일한 원리가 적용되어 해당하는 각각의 결과가 출력된다. 그리고 60점 이하이면, 즉 조건 값이 5, 4, 3, 2, 1, 0인 경우는 default 문에 속한 printf 문을 실행한다.

## chapter_ 04 요약

- if-else 문은 조건식 결과가 참이면 문장 1을 실행하고, 거짓이면 문장 2를 실행하고 종료한다. 이러한 구문은 계속해서 이어지는 구조로 만들어질 수 있다.

```
if(조건식)
    문장 1;
else
    문장 2;
```

- switch 문의 조건 값들에 해당하는 case 문에 속한 문장을 실행하고, 일치하는 조건 값이 없으면 default 문에 속한 문장을 실행하고 종료한다.

```
switch(조건 값){
    case 값 1:
        문장 1;
        break;
    ...
    default:
        문장 n;
}
```

## chapter_ 04 Q&A

**Q** C언어에서 사용되는 조건 제어문에는 어떤 종류가 있는가?

if 문, if-esle 문, 다중 if 문, switch 문

**Q** switch 문에서 조건 값과 일치하는 case 문이 없으면 무엇을 실행하게 되는가?

default 문이 있으면 실행한다.

**Q** if 문과 switch 문의 가장 큰 차이점은 무엇인가?

모두 조건에 따라 프로그램의 흐름을 분기시키는 기능을 가지고 있다. if 문은 조건이 참이냐 거짓이냐에 따라 실행할 문장이 결정되지만, 조건에 대한 경우의 수가 많으면 if 문보다 switch 문의 사용이 더 편리하다.

## chapter_ 04 실습예제

1 두 개의 실수 값을 입력받아, 두 실수 중에 더 큰 수를 찾아 출력하는 프로그램을 작성하라.

2 국어, 영어, 수학 성적을 입력받아, 성적의 합이 240점 이상이면 '훌륭함!', 미만이면 '노력하세요!'라고 출력하는 프로그램을 작성하라.

3 임의의 정수를 하나 입력받아, if 문을 사용하여 그 수의 절댓값을 출력하는 프로그램을 작성하라.

**4** 세 개의 정수를 입력받아, 가장 큰 수를 찾아 출력하는 프로그램을 작성하라.

```c
#include <stdio.h>
void main()
{
	int a,b,c;

	printf("정수 세 개를 입력 : ");
	scanf("%d%d%d",&a,&b,&c);

	if(a>b && a>c)
		printf("가장 큰 수는 %d이다.\n",a);
	else if(b>c)
		printf("가장 큰 수는 %d이다.\n",b);
	else
		printf("가장 큰 수는 %d이다.\n",c);
}
```

```
정수 세 개를 입력 : 10 30 20↵
가장 큰 수는 30이다.
```

**5** 두 개의 정수 값을 입력받아, 앞의 수가 크면 두 수의 합, 크기가 같으면 두 수의 차, 앞의 수가 작으면 두 수의 곱을 출력하는 프로그램을 작성하라.

**6** 표준 체중은 '(키-100)×0.9'로 얻어진다. 자신의 키와 체중을 입력받아, 표준 체중을 계산하고 자신의 체중과 비교하여 저체중인지, 표준인지, 과체중인지를 판단하여 출력하는 프로그램을 작성하라.

**7** switch 문을 이용하여 주사위를 던져 나온 수가 짝수인지 홀수인지 판별하여 출력하고, 1에서 6사이 값이 아니면 '입력에 오류가 있습니다.'라고 출력하는 프로그램을 작성하라.

**8** 5월 1일은 목요일이다. 5월의 어떤 날짜가 입력되면 해당하는 요일이 출력되는 프로그램을 작성하라.

```c
#include <stdio.h>
void main()
{
    int date;

    printf("임의의 5월 날짜 입력 : ");
    scanf("%d",&date);

    switch(date%7){
        case 1:
            printf("5월 %d일은 목요일\n",date);
            break;
        case 2:
            printf("5월 %d일은 금요일\n",date);
            break;
        case 3:
            printf("5월 %d일은 토요일\n",date);
            break;
        case 4:
            printf("5월 %d일은 일요일\n",date);
            break;
        case 5:
            printf("5월 %d일은 월요일\n",date);
            break;
        case 6:
            printf("5월 %d일은 화요일\n",date);
            break;
        default:
            printf("5월 %d일은 수요일\n",date);
    }
}
```

```
임의의 3월 날짜 입력 : 20 ↵
5월 20일은 화요일
```

## chapter_ 04 복습문제

1 조건식의 결과가 참일 때 실행하는 문장과 거짓일 때 실행하는 문장으로 선택 분기하는 제어문은 무엇인가?

2 조건의 값에 따라 여러 개로 분기된 case의 값과 일치하는 부분의 문장을 처리하는 제어문은 무엇인가?

3 제어문의 실행 중에 실행을 종료하고 현재의 블록에서 빠져나오도록 하는 명령은 무엇인가?

4 if-else 문은 반복해서 사용할 수 있다. [ **참** / **거짓** ]

5 다중 if 문에서 마지막에 있는 else 문은 반드시 있어야 한다. [ **참** / **거짓** ]

6 switch 문의 조건 값이 실수라도 처리할 수 있다. [ **참** / **거짓** ]

7 다음 프로그램의 실행 결과로 주어지는 x 값은 무엇인가?

```
int x=-50;
if(x<0) x=-x;
```

① 0 ② 50 ③ −50 ④ 100

8 다중 if 문에서 'else if(조건식)' 구문은 연속적으로 몇 개까지 사용할 수 있는가?

① 2 ② 5 ③ 10 ④ 무제한

**9** switch 문에서 if 문의 else와 비슷한 기능을 하는 명령은 무엇인가?

① break 문　② default 문　③ case 문　④ else if 문

**10** 다음 프로그램에서 에러를 찾아 수정하라.

```
int num=10;
if(0 < x < 100)
    printf("num은 0보다 크고 100보다 작은 수");
```

**해답**

1. if-else 문　2. switch 문　3. break 문　4. 참　5. 거짓　6. 거짓　7. ②　8. ④
9. ②　10. 조건식 수정 : (0 < num < 100) ⇒ (num > 0 && num <100)

C H A P T E R 05

# 반복문 : for 문

컴퓨터의 지능은 얼마인가라는 질문에 지렁이보다 못하다고들 한다. 하지만 컴퓨터는 일련의 처리를 무한 반복할 수 있는 막강한 능력을 가지고 있다. 반복은 프로그램 실행에서 가장 핵심적인 기법이다. C언어에 주어진 반복문은 크게 for 문과 while 문이 있는데, 이 장에서는 for 문에 대해서 알아본다.

**학습목표**

- for 문의 기본적인 사용법을 이해한다.
- for 문을 확장한 다중 for 문의 활용에 관하여 학습한다.

## 5.1 for 문

for 문은 동일한 문장을 반복하여 실행하게 하는 제어문이다. for 문은 '~하는 동안'이라는 영어 전치사 for의 의미처럼 주어진 조건식이 만족하는 동안 설정된 문장이나 블록을 반복하여 실행하게 한다. for 문의 흐름을 이해하기 위해서 먼저 어떤 패턴이 반복하는 문제를 해결하여 보자.

**예제 5-1 ▶ '*' 10개가 연이어 반복하여 출력되는 프로그램을 작성하라.**

```
#include <stdio.h>
void main()
{
     printf("**********");
 }
```

```
**********
```

이와 같이 printf 문 하나로 간단하게 구현할 수 있다. 이번에는 반복 실행하는 for 문을 사용하여 같은 결과가 출력되는 프로그램을 작성하여 보자. for 문의 구문 형식과 조건식의 참과 거짓에 따른 프로그램 흐름도는 다음과 같다.

### if 문 구문 형식 및 흐름도

```
for(초기식; 조건식; 증감식){
   문장;
}
```

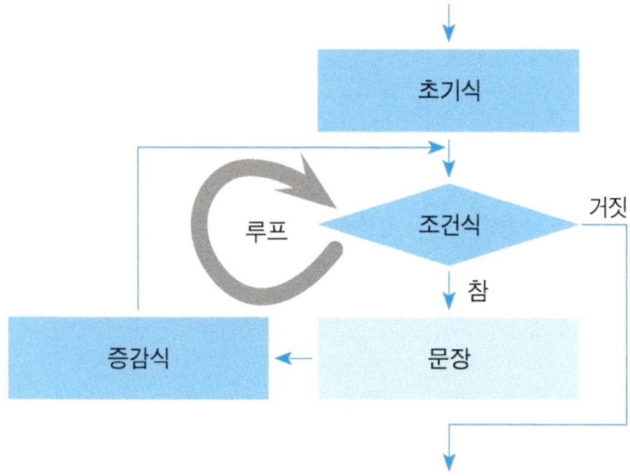

for 문의 구문 형식은 초기식, 조건식, 증감식이라는 3개 수식으로 구성되어 있다. 그리고 이들은 각각 세미콜론(;)으로 구분되어 있으며 이 수식들이 루프를 반복할 횟수를 결정한다.

### if 문 흐름도의 실행 과정

(1) 정수형 변수를 선언하고 초기식으로 값을 설정한다.
(2) 조건식의 결과가 참이면, 설정된 문장이나 블록을 실행한다.
(3) 증감식으로 변수 값을 더하거나 빼 준다.
(4) 다시 조건식을 판별하면서 결과가 참이면, 루프를 반복하여 실행한다.
(5) 어떤 시점에 조건식이 거짓이 되면, for 문을 종료한다.

이제 앞의 (예제 5-1)을 for 문을 사용하여 해결하여 보자.

**예제 5-2** **for 문을 사용하여 '*' 10개가 연이어 출력되는 프로그램을 작성하라.**

```
#include <stdio.h>
void main()
{
      int i;

      for(i=1; i<=10; i++)        //(초기식; 조건식; 증감식)
            printf("*");
}
```

```
**********
```

### 예제의 for 문 실행 과정

(1) 초기식: i = 1; 변수 i를 선언하고, i 값을 1로 설정한다.
(2) 조건식: i< = 10; i 값이 10보다 적거나 같으면, 문장 printf("*");를 실행한다.
(3) 증감식: i++; 현재 i 값에서 1을 더한다.
(4) 다시 (2)번으로 돌아가 i 값이 10보다 적거나 같으면 문장을 반복 실행한다.
(5) i 값이 10보다 크면, for 문을 종료한다.

예제에서 for 문의 반복 과정에서 변수 i는 1, 2, 3, …, 10까지 변하는 것을 알 수 있다. 결과적으로 'printf("*");' 문장이 10회 반복 실행되어 '*'가 10개 연이어 출력되는 결과를 얻을 수 있다. 이와 같은 프로그램을 작성하기 위해서라면 어쩌면 (예제 5-1)에 주어진 프로그램이 훨씬 간단하고 효율적일 수 있어 보인다. 하지만, '*'의 반복 개수가 100개 또는 1000개가 된다고 가정해 보라. (예제 5-1) 프로그램의 형태라면 상당한 키 작업이 필요할 것이며, 조금은 어리석게 보일 수도 있다. 하지만, (예제 5-2) 프로그램 경우는 조건식을 'i<100;' 또는 'i<1000;'으로만 수정하면 쉽게 결과를 얻을 수 있다.

**활용 01**

for 문을 이용하여 자신의 이름이 5회 반복하여 출력하는 프로그램을 작성하라.

### 조건문 오류에 의한 무한 루프

for 문 사용에서 조건문 작성에 주의를 기울여야 한다. 만일 조건문이 잘못 설정되면 루프를 무한으로 실행하는 경우가 발생한다. 그 예로 (예제 5-2)의 조건식 'i<=10'을 'i>0'으로 바꾼 다음 프로그램을 수행해 보라.

```
#include <stdio.h>
void main()
{
  int i;

  for(i=1;i>0;i++)
      printf("*");
}
```

```
************************************************************************************************************************
******************************************** (계속 출력됨)
```

변수 i 초기값이 1이고, 1씩 증가하면서 0보다 큰가를 확인하면 결과는 계속해서 참이 된다. 따라서 '*'가 무한 반복하여 출력된다. 이런 경우에는 당황하지 말고 그냥 'Ctrl+C' 키를 누르면 반복 실행이 종료된다.

이제 한 단계 더 나아가서 for 문을 이용하여 1부터 10까지의 정수의 합을 구하여 출력하는 프로그램을 작성하는 방법에 대하여 알아보자.

**예제 5-3** **1부터 10까지 정수의 합을 구하여 출력하는 프로그램을 작성하라.**

```
 1  #include <stdio.h>
 2  void main()
 3  {
 4       int i, sum=0;
 5
 6       for(i=1;i<=10;i++)
 7            sum = sum + i;        //sum += i;로 바꾸어도 됨
 8
 9       printf("1부터 10까지 합은 %d이다.\n",sum);
10  }
```

```
1부터 10까지 합은 55이다.
```

프로그램은 (예제 5-2)의 (2), (3), (4)단계 과정을 반복하는데, 변수 i 값인 1, 2, 3, …, 10까지의 정수를 sum이라는 변수에 더해 나가는 문장 7을 실행한다. 그리고 i 값이 11이 되면 for 문은 종료되고, 이어지는 printf 문으로 결과가 출력된다.

이때, 주의할 점은 for 문이 실행되기 전에 반드시 'sum=0;'이라는 sum 변수 초기화가 필요하다. 그렇지 않으면 변수 sum이 할당된 메모리에 남아있던 임의의 값에 10까지 정수가 더해진 엉뚱한 결과가 출력된다. 이제 이 예제를 기본으로 응용 예제를 해결해 보도록 하자.

**예제 5-4** **1부터 20까지 정수에서 짝수만 더하여 출력하는 프로그램을 작성하라.**

```
#include <stdio.h>
void main()
{
        int i, sum=0;

        for(i=2; i<=20; i+=2)
              sum += i;

        printf("1부터 20까지 짝수 합은 %d이다.\n",sum);
}
```

```
1부터 20까지 짝수 합은 110이다.
```

프로그램은 (예제 5-3)의 초기식, 조건식 및 증감식을 적당하게 수정하여 작성된다. 정수 2부터 시작하여(초기식: i=2;) 2씩 증가하면서(증감식: i+=2) 20까지(조건식: i<=20) 더하면 결과가 얻어진다. 이 예제는 여러 가지 형태로 작성될 수 있는데, 다음과 같이 앞장에서 배운 if 문을 활용하여 결과를 얻을 수도 있다.

```
#include <stdio.h>
void main()
{
    int i, sum=0;

    for(i=1; i<=20; i++)
        if(i%2 == 0)  sum += i;

    printf("1부터 20까지 짝수 합은 %d이다.\n",sum);
}
```

```
1부터 20까지 짝수 합은 110이다.
```

**활용 02** 1에서 30까지 정수 중에 5의 배수를 모두 더하여 출력하는 프로그램을 작성하라.

이와 같이 for 문의 반복횟수를 제어하는 변수를 이용함으로써 우리가 원하는 다양한 계산 결과를 얻을 수 있다. 이번에는 일상에서 사용하는 구구단을 계산하여 출력하는 문제를 다루어 보자.

**예제 5-5 ▸ 구구단 5단을 계산하여 출력하는 프로그램을 작성하라.**

```
#include <stdio.h>
void main()
{
	int i;

	for(i=1;i<10;i++)
		printf("5 * %d = %d\n",i,i*5);
}
```

```
5 * 1 = 5
5 * 2 = 10
5 * 3 = 15
5 * 4 = 20
5 * 5 = 25
5 * 6 = 30
5 * 7 = 35
5 * 8 = 40
5 * 9 = 45
```

for 문에 선언된 정수형 변수 i 값은 1부터 9까지 1씩 증가한다는 것을 이제 알 수 있다. 여기에 변수 i값에 5가 곱해진 결과를 반복하면서 출력하는 형태로 프로그램은 작성되어 있다.

**활용 03** 1부터 5까지의 정수에 대한 제곱 값을 구하여 각각 출력하는 프로그램을 작성하라.

### for 문을 이용한 무한 루프

앞에서 for 문 구문은 3개 수식으로 구성되어 있다고 했는데, 어떤 부분이 정의되지 않을 수도 있다. 특히 3개 수식이 모두 정의되어 있지 않은 'for( ; ; )'는 무한 루프를 실행시킨다.

**예제 5-6** **'대한민국 짝!짝!짝!'를 무한 반복하여 출력시키는 프로그램을 작성하라.**

```
#include <stdio.h>
void main()
{
      for( ; ; )
          printf("대한민국 짝짝짝 짝짝!\n");
}
```

```
대한민국 짝짝짝 짝짝!
대한민국 짝짝짝 짝짝!
    ...
```

여기서 무한 루프는 'Ctrl+C'키를 누르면 실행이 중지된다. 일반적으로 무한 루프는 반드시 내부에 루프를 빠져나오도록 하는 문장을 작성해 두어야 하는데, switch 문에서 사용했던 break 문을 이용하면 루프를 강제로 빠져나오게 할 수 있다. 예를 들어 (예제 5-6)에서 printf 문을 3번만 출력시키고 break 문으로 프로그램을 종료하게 만들려면 다음과 같이 수정하여 실행시키면 된다.

```
#include <stdio.h>
void main()
{
      int count=0;

      for( ; ; ){
          printf("대한민국 짝짝짝 짝짝!\n");
          count++;
          if(count == 3) break;
      }
}
```

```
대한민국 짝짝짝 짝짝!
대한민국 짝짝짝 짝짝!
대한민국 짝짝짝 짝짝!
```

## 5.2 다중 for 문

지금까지 배운 반복문인 for 문은 다양한 형태로 중첩하여 사용할 수 있다. 이것을 다중 for 문이라고 하는데, for 문 내부에 또 다른 for 문이 존재하는 형태를 말한다. 이때 주의하여야 할 점은 각각의 for 문에서 반복문을 제어하는 변수는 서로 달라야 한다는 것이다. 만일 다음과 같은 문제가 주어지면 어떻게 접근할 지를 생각해 보자.

**예제 5-7** **다음과 같은 모양이 출력되는 프로그램을 작성하라.**

```
**********
**********
**********
**********
**********
```

```c
#include <stdio.h>
void main()
{
      int i, j;

      for(i=1; i<=5; i++){
          for(j=1; j<=10; j++)
              printf("*");
          printf("\n");
      }
}
```

```
**********
**********
**********
**********
**********
```

이 프로그램은 앞에서 다룬 (예제 5-2)를 기본으로 하면서 외부에 하나의 for 문이 더 존재하는 형태이다. 연이은 '*' 10개를 출력하는 프로그램은 내부 for 문이 담당하고 외부 for 문은 10개의 '*'로 이루어진 5개 라인을 그리도록 하는 역할과 '*' 10개를 연이어 출력하고 마지막에 '\n' 출력으로 Enter 기능이 수행되도록 하는 문장을 반복하여 수행한다. 여기서 바깥의 for 문에 설정된 문장은 새로운 for 문 하나와 printf 문 하나의 블록으로 구성되어 있으므로 중괄호({})로 묶어주는 것을 잊으면 안 된다.

**예제 5-8** **다음과 같이 '*'가 삼각형 모양으로 출력되는 프로그램을 작성하라.**

```
*
**
***
****
*****
```

```
#include <stdio.h>
void main()
{
        int i, j;

        for(i=1; i<=5; i++){
             for(j=1; j<=i; j++)
                 printf("*");
             printf("\n");
        }
}
```

```
*
**
***
****
*****
```

예제의 외부 for 문은 변수 i에 의해 제어되고, 내부 for 문은 변수 j에 의해 반복 실행이 제어된다. 이 프로그램은 (예제 5-7)에서 내부 for 문의 조건식 'j<=10'을 'j<=i'로만 수정하면 된다. 결국 내부 for 문의 반복 횟수가 외부 for 문의 제어 변수인 i 값과 연동하여 결정되는 것을 알 수 있다. 제어 변수 i 값의 변동에 따른 '*'가 찍히는 반복 횟수는 다음 표와 같이 주어진다.

| i 값 | j<=i에 따른 j 값 | 찍히는 '*' 개수 |
|---|---|---|
| 1 | 1 | 1 개 |
| 2 | 1, 2 | 2 개 |
| 3 | 1, 2, 3 | 3 개 |
| 4 | 1, 2, 3, 4 | 4 개 |
| 5 | 1, 2, 3, 4, 5 | 5 개 |

**활용 04**

오른쪽과 같은 결과가 출력되는 프로그램을 작성하라.

```
1
12
123
1234
12345
```

앞에서 5단에 대한 구구단 결과를 출력하는 프로그램을 작성하는 방법을 알아보았다. 이제 다중 for 문을 이용하여 여러 개 구구단을 연속적으로 계산하여 출력하는 방법을 생각하여 보자.

**예제 5-9** 3단부터 6단까지의 구구단을 출력하는 프로그램을 작성하라.

```c
#include <stdio.h>
void main()
{
      int i, j;

      for(i=3;i<=6;i++)
          for(j=1;j<10;j++)
              printf("%d * %d = %d\n", i, j, i*j);
}
```

```
3 * 1 = 3
3 * 2 = 6
3 * 3 = 9
3 * 4 = 12
    ...
6 * 7 = 42
6 * 8 = 48
6 * 9 = 54
```

두 개의 for 문 즉 2중 for 문을 사용하면 쉽게 결과가 얻어진다는 것을 알 수 있다. 제어 변수 i는 3단에서 6단까지를 표현하기 위하여 사용되고, 변수 j는 각 단에서 1부터 9까지 1씩 증가하는 값으로 각각의 구구단 계산 결과를 산출하는데 사용된다. 여기서 2개 for 문의 제어 변수로 선언된 i와 j는 서로 다른 변수명이어야 한다.

**활용 05**

앞 예제에서 구구단이 한 단씩 아래가 아닌 옆 방향으로 출력되는 프로그램을 작성하라.

## chapter_ 05 요약

- for 문 : 문장 또는 블록을 반복하여 실행하고자 할 경우 사용된다. for 문의 구문 형식은 초기식, 조건식, 증감식이라는 3개 수식으로 구성되어 있고, 증감식의 변화와 조건식의 결과에 따라 반복 횟수가 결정된다. 그리고 제어 변수는 반드시 정수형으로 선언하고 사용해야 한다.

```
for(초기식; 조건식; 증감식){
        문장;
}
```

- 다중 for 문 : for 문은 필요에 따라 2중, 3중 등 다중으로 사용할 수 있다. 이때 각각에 선언된 제어 변수가 잘못 사용되어 오류가 발생하지 않도록 주의해야 한다.

```
for(초기식 1; 조건식 1; 증감식 1){
        문장 1;
        for(초기식 2; 조건식 2; 증감식 2){
                문장 2;
        }
}
```

## chapter_05 Q&A

**Q** for 문에서 반복 횟수를 제어하는 세 가지 수식은 무엇인가?

초기식, 조건식, 증감식

**Q** for 문에 정의된 세 가지 수식은 어떤 기호로 서로 구분하는가?

세미콜론(;)

**Q** for 문에 주어진 조건문에 반드시 있어야 하는 연산자는 무엇인가?

관계 연산자

## chapter_05 실습예제

1 올림픽에서 획득한 금메달 개수를 입력받아, 그 수만큼 '대한민국 짝짝짝 짝짝!'이라는 메시지가 출력되도록 하는 프로그램을 작성하라.

2 1부터 10사이의 3의 배수만 찾아 출력하는 프로그램을 작성하라.

```
#include <stdio.h>
void main()
{
        int i;

        for(i=1;i<=10;i++){
            if(i%3 == 0)
                printf("%d는 3의 배수\n",i);
        }
}
```

```
3은 3의 배수
6은 3의 배수
9은 3의 배수
```

**3** 1부터 30까지 정수에서 3과 5의 배수를 더하여 출력하는 프로그램을 작성하라.

**4** 1부터 10까지 제곱과 세제곱 값을 구하여 출력하는 프로그램을 작성하라.

**5** 다음과 같은 모양이 출력되는 프로그램을 작성하라.

① 
```
*****
****
***
**
*
```

② 
```
54321
5432
543
54
5
```

**6** for 문과 if 문을 활용하여 다음과 같은 모양이 출력되는 프로그램을 작성하라.

```
*****
**********
*****
**********
*****
**********
```

```
#include <stdio.h>
void main()                    //for 문 안에 다른 2개 for 문 활용
{
      int i, j, k;

      for(i=1;i<=3;i++){
          for(j=1;j<=5;j++)
               printf("*");
          printf("\n");

          for(k=1;k<=10;k++)
                printf("*");
          printf("\n");
      }
}
```

```
*****
**********
*****
**********
*****
**********
```

```
#include <stdio.h>
void main()              //for 문 안에 if 문과 1개 for 문 활용
{
      int i, j, N;

      for(i=1;i<=6;i++){
          if(i%2 == 1) N=5;
          else N=10;

          for(j=0;j<N;j++)
              printf("*");
          printf("\n");
      }
}
```

```
*****
**********
*****
**********
*****
**********
```

## chapter_ 05 복습문제

1 프로그램의 실행 흐름을 바꾸는 제어문 중에서 조건식이 참이면 설정된 문장이나 블록을 반복하여 실행시키는 것은 무엇인가?

2 for 문에서 반복 횟수를 결정하는 변수는 어떤 자료형으로 선언되어야 하는가?

3 for 문 초기식 위치에 어떤 연산자의 구분으로 여러 개의 문장들이 함께 들어갈 수 있는가?

4 for 문에서 초기식, 조건식, 증감식이 전부 비어 있는 경우도 있다. **[ 참 / 거짓 ]**

5 for 문 내부에는 다른 for 문이 들어갈 수 없다. **[ 참 / 거짓 ]**

6 for 문에서 반복 실행될 문장이 두 개 이상일 경우는 반드시 중괄호로 묶어 블록으로 구분하여야 한다. **[ 참 / 거짓 ]**

7 for 문의 구문 형식에서 주어진 3개 수식을 구분하여 주는 기호는 무엇인가?

① 콤마(,)　② 슬래시(/)　③ 콜론(:)　④ 세미콜론(;)

8 다음 프로그램을 실행하면 printf 문이 몇 번 실행되는가?

```
int i; for(i=0; i<7; i++){ printf("Hello..!!") }
```

① 6　② 7　③ 8　④ 9

9 다음 프로그램을 실행하여 얻은 sum의 결과 값은 얼마인가?

```
int i, sum=0; for(i=1; i<=4; i++){ sum+=i; }
```

① 10　② 20　③ 30　④ 40

10 for 문을 이용하여 무한 루프를 만드는 방법을 기술하라.

**해답**

1. 반복문 2. 정수형 3. 콤마 연산자 4. 참 5. 거짓 6. 참
7. ④ 8. ② 9. ① 10. for( ; ; ){ 문장 } 형태의 구문을 사용한다.

C | H | A | P | T | E | R **06**

# 반복문 : while 문

반복은 프로그래밍의 핵심적인 실행 흐름이다. 이번 장에서는 새로운 반복문인 while 문과 do-while 문에 대하여 알아본다. 앞 장에서 익힌 for 문은 주로 반복 횟수가 정해진 경우에 사용되는 반면, while 문은 조건이 만족되면 반복을 계속하는 구조를 가진다. 따라서 while 문은 미리 반복 횟수를 알 수 없고 조건에 따라서 반복하는 경우에 사용된다.
그리고 프로그램의 실행 흐름을 분기하도록 하는 명령으로는 현재의 루프를 벗어나게 하는 break 문, 루프의 맨 앞으로 이동하게 하는 continue 문, 그리고 무조건 정해진 위치로 강제적으로 이동시키는 goto 문이 있다.

**학습목표**

- while 문을 이용한 반복 실행에 대하여 학습한다.
- do-while 문의 활용 방법을 학습한다.
- break 문, continue 문 및 goto 문 사용법을 익힌다.

# 6.1 while 문

while 문은 앞 장에서 배운 for 문과 함께 반복제어문으로 C언어 프로그램 작성에서 다양한 형태로 사용된다. 일반적으로 for 문은 이미 정해진 횟수만큼 반복하는 경우에 사용하는 반면, while 문은 미리 반복횟수를 알 수 없고 조건에 따라서 반복을 계속하는 구조이다. while 문의 구문 형식과 조건식의 참과 거짓에 따른 프로그램 흐름도는 다음과 같다.

#### while 구문 형식과 프로그램 흐름도

```
초기식;
  while(조건식){
     문장;
     증감식;
  }
```

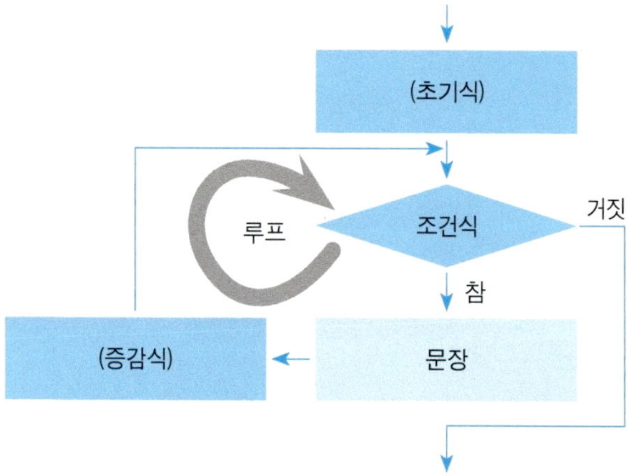


구문은 while 문에 붙은 수식이 조건식 밖에 없고, 앞 쪽에 초기식과 루프 내부에 증감식이 있는 형태이다. 하지만 프로그램 흐름도를 보면 앞 장에서 배운 for 문의 흐름도와 차이가 없음을 알 수 있다. 여기서 초기식과 증감식은 경우에 따라 없을 수도 있다. 다음 예제를 통해 while 문의 흐름을 분석하여 보자.

**예제 6-1** 1부터 5까지 정수가 출력되는 프로그램을 작성하라.

```c
#include <stdio.h>
void main()
{
	int i=1;

	while(i<=5){
		printf("%d\t", i);
		i++;
	}
}
```

```
1	2	3	4	5
```

예제에서 while 문은 'i<=5'라는 조건식을 판별하여 설정된 블록의 실행을 반복한다. 이때 변수 i에 대한 초기화는 while 문 보다 앞쪽에서 증감식은 while 문 내부에 문장으로 주어져 있다. 그리고 printf 문의 '\t'는 값을 출력하고 탭(8문자) 간격인 한 탭만큼 이동하여 다음 값을 출력하도록 하는 출력 제어문자이다. 이어서 앞 장에서 주어진 (예제 5-3)을 while 문으로 해결하는 프로그램을 작성하여 보자.

**예제 6-2** 1부터 10까지 정수를 더하여 출력되는 프로그램을 작성하라.

```c
#include <stdio.h>
void main()
{
	int i=1, sum=0;

	while(i<=10){
		sum += i;
		i++;
	}
	printf("1부터 10까지 합은 %d이다.\n",sum);
}
```

```
1부터 10까지 합은 55이다.
```

앞 장에서 다룬 (예제 5-3)은 for 문을 이용하여 해결했으며, 여기서는 while 문을 이용하여 결과를 구하고 출력하도록 했다. 두 방법 중에 어떤 프로그램이 더 효율적이라고 생각되는지 검토하여 보자. 이 예제의 실행 과정은 다음과 같다.

(1) 초기식: i=1; 먼저 i 값을 1로 초기화한다.
(2) 조건식: i<10; i 값이 10보다 적거나 같으면, 그 i 값을 sum에 더해 주고, 증감식: i++; i 값을 1 씩 증가시킨다.
(3) i 값이 10보다 적거나 같으면 (2)번 과정을 반복하다가 i 값이 10보다 커지면 while 문을 종료한다.

흐름을 제어하는 3가지 수식인 초기식, 조건식, 증감식의 위치가 다를 뿐, 실행되는 과정에는 큰 차이가 없어 보인다. 하지만 구문 형식적인 면에서는 for 문이 좀 더 간결하게 표현된다는 것을 알 수 있다.

**활용 01**

while 문을 이용하여 1부터 20사이의 3의 배수만 더하여 출력하는 프로그램을 작성하라.

### for 문과 while 문의 비교

**예제 6-3** 1부터 정수를 더하기 시작하여 100이 처음으로 넘는 값을 찾아 출력하는 프로그램을 작성하라.

```
#include <stdio.h>
void main()
{
	int i=1, sum=0;

	while(sum<100){
		sum += i;
		i++;
	}
	printf("처음 100이 넘은 합은 %d이다.\n",sum);
}
```

```
처음 100이 넘는 합은 105이다.
```

이 예제에서는 'sum < 100'이라는 조건식이 몇 번이나 만족되어 반복 실행되는지를 알 수 없다. 이런 경우는 for 문 보다 while 문을 이용하는 것이 문제 해결에 쉽게 접근할 수 있다. 하지만 아래에 주어진 for 문을 이용한 프로그램에서는 변수 i가 1부터 1씩 증가하면서 sum에 더해진 결과를 for 문 내부에서 if 문의 조건식으로 다시 판별한다. 따라서 for 문을 사용하는 경우는 for 문 종료여부를 결정하는 과정이 추가로 필요하게 된다.

**예제 6-4** **for 문을 이용하여 (예제 6-3)을 해결하는 프로그램을 작성하라.**

```
#include <stdio.h>
void main()
{
      int i, sum=0;

      for(i=1; i<100; i++){
          sum += i;
          if(sum > 100) break;
      }
      printf("처음 100이 넘은 합은 %d이다.\n",sum);
}
```

```
처음 100이 넘는 합은 105이다.
```

## 6.2 do-while 문

do-while 문은 while 문과 비슷하며 조건식이 루프의 끝에 있다는 것이 다르다. 조건식이 끝에 있는 이유는 먼저 do-while 문에 설정된 문장이나 블록을 한 번 실행하고 그 결과를 토대로 조건식을 판별하도록 하기 위해서다. do-while 문의 구문 형식과 조건식의 참과 거짓에 따른 프로그램 흐름도는 다음과 같다.

### do-while 구문 형식과 프로그램 흐름도

```
do{
    문장;
}while(조건식);
```

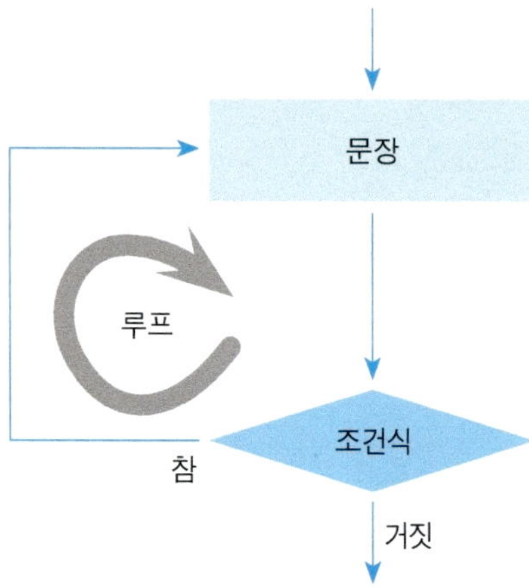


구문은 while 뒤에 조건식 밖에 없는데, 필요할 때는 초기식과 증감식이 추가될 수 있다. 프로그램 흐름은 조건 검사를 끝에서 한다는 것을 제외하면 while 문과 크게 차이가 없다. 그리고 구문 형식의 맨 뒤에는 반드시 세미콜론(;)이 있어야 한다. 다음 예제를 통해 do-while 문의 흐름을 분석하여 보자.

**예제 6-5 ▶ 1부터 10사이의 값이 아니면 반복해서 입력받는 프로그램을 작성하라.**

```
#include <stdio.h>
void main()
{
        int num;

        do{
                printf("1부터 10사이 정수 입력 : ");
                scanf("%d",&num);
        }while(num<1 || num>10);

        printf("입력된 정수는 %d이다.\n",num);
}
```

```
1부터 10사이 정수 입력 : 20
1부터 10사이 정수 입력 : 5
입력된 정수는 5이다.
```

이 예제에서 입력으로 1보다 작거나 10보다 큰 정수가 입력되면 프로그램은 반복해서 새로 합당한 값을 입력하도록 요구한다. 이런 경우 while 문처럼 먼저 조건식을 확인할 필요 없이 한 번 입력을 받는 문장을 수행하고, 그 결과에 따라 조건을 검사하여 다음 문장으로 흐름을 이어가는 do-while 문을 사용하는 것이 적절하다는 것을 알 수 있다.

**활용 02**

정수 두 개를 입력받아, 합이 10 이하면 다시 입력받도록 하고 크면 결과를 출력하는 프로그램을 작성하라.

**예제 6-6** do-while 문을 이용하여 (예제 6-3)과 같이 1부터 정수를 더하기 시작하여 100이 처음으로 넘는 값을 찾아 출력하는 프로그램을 작성하라.

```
#include <stdio.h>
void main()
{
        int i=1, sum=0;

        do{
              sum += i;
              i++;
        }while(sum<100);

        printf("처음 100이 넘은 합은 %d이다.\n",sum);
}
```

```
처음 100이 넘는 합은 105이다.
```

(예제 6-3)과 이 예제는 while(조건식)의 위치만 앞뒤로 바뀌었을 뿐, 그 결과는 동일하게 주어진다는 것을 알 수 있다. 이와 같이 while 문과 do-while 문은 대부분의 경우 차이가 없이 사용되지만, 반드시 조건 검사를 하기 전에 문장이나 블록이 한 번은 실행되어야 하는 경우에만 do-while 문을 사용하면 된다.

그렇다면 지금까지 배운 3가지 반복문인 for 문, while 문, do-while 문 중에서 어떤 것을 사용해야 하는가를 한 번 짚어보자. 비슷한 복잡도로 동일한 결과를 얻을 수 있다면 무엇을 사용하느냐는 개인적인 취향의 문제일 것이다. 일반적으로 루프의 반복 횟수를 아는 경우라면 for 문 사용이 조금 더 편리하다. 만약 조건만 존재하고 정확한 반복 횟수는 모르는 경우라면 while 문이 사용하기에 보다 편리하다. 그리고 do-while 문은 문장 실행이 한 번은 선행되어야 하는 경우에 사용한다.

### while 문과 for 문의 중첩 사용

지금까지 언급된 다섯 가지 제어문인 if 문, switch 문, for 문, while 문, do-while 문은 서로 중첩시킨 다양한 형태로도 사용이 가능하다. 어떤 형태로 중첩시킬 것인가는 프로그램을 작성하면서 얻은 경험을 통해 판단할 수밖에 없다. 따라서 훌륭한 프로그래머가 되기 위해서는 제어문과 관련된 많은 문제를 분석하고 실습을 통해 그 실행 흐름을 숙지하는데 많은 노력을 기울여야 한다.

**예제 6-7** **1부터 10사이의 임의의 정수를 입력받아, 1부터 입력된 정수까지의 합을 계속해서 출력하는 프로그램을 작성하라. 범위 내의 정수가 입력되지 않으면 루프를 벗어나 프로그램을 종료하게 하라.**

```
#include <stdio.h>
void main()
{
      int num, i, sum;

      while(1){
            printf("1부터 10사이 정수 입력 : ");
            scanf("%d",&num);
            if(num<0 || num>10) break;

            sum=0;
            for(i=1; i<=num; i++)
                  sum += i;

            printf("입력된 수는 %d이고, 합은 %d이다.\n",num,sum);
      }
}
```

```
1부터 10사이 정수 입력 : 4↵
입력된 수는 4이고, 합은 10이다.
1부터 10사이 정수 입력 : 7↵
입력된 수는 7이고, 합은 28이다.
1부터 10사이 정수 입력 : 15
```

예제에서 무한 루프 while 문이 바깥 루프를 형성하고 내부에서 for 문을 이용하여 1부터 10까지의 입력된 값에 따라 반복 실행되는 횟수가 결정되어 합을 계산한다.
그리고 if 문의 조건식을 만족하지 않으면 break 문에 의해 while 문 루프를 벗어나 프로그램은 종료된다.

## 6.3 break 문

break 문은 반복문에서 실행 루프를 벗어나기 위하여 사용한다. 반복문의 루프에서 break 문을 만나면 실행 흐름이 반복문 다음에 이어지는 문장으로 이동한다. 무한 루프를 이용한 다음과 같은 예제를 통해 break 문의 역할을 알아보자.

**예제 6-8** **무한 루프를 이용하여 양의 정수를 입력받아 출력하는 프로그램을 작성하라. 음수가 입력되면 프로그램을 종료하도록 하라.**

```
#include <stdio.h>
void main()
{
        int num;

        while(1){
                printf("정수 한 개를 입력 : ");
                scanf("%d",&num);

                if(num<0)
                        break;
                printf("입력된 정수는 %d이고, 양수이다.\n", num);
        }
        printf("%d 음수 입력으로 루프 종료..!!\n",num);
}
```

```
정수 한 개를 입력 : 10 ↲
입력된 정수는 10이고, 양수이다.

정수 한 개를 입력 : -5 ↲
-5 음수 입력으로 루프 종료..!!
```

while 문을 이용하여 무한 루프는 예제에 주어진 문장(6)과 같이 조건식을 1로 하면 된다. C언어에서 1은 '조건 결과가 참'이라는 의미를 가지고 있으므로 루프를 무한 반복하여 실행하게 된다. if 문으로 입력된 정수가 음수인가 판별하여 참이면 break 문이 실행되어 while 문을 벗어나고, 거짓이면 입력된 정수를 출력하는 문장(12)이 실행된다.

**활용 03**

무한 루프 while 문을 이용하여 정수 하나를 입력받아, 그 수가 짝수이면 출력시키고 홀수이면 종료하도록 하는 프로그램을 작성하라.

## 6.4 continue 문

continue 문은 break 문과 조금 다른 분기 기능을 가지고 있다. continue 문은 조건식이 만족되면 실행 흐름을 반복문 처음 위치로 되돌아가게 한다. 이때 while 문이나 do-while 문은 조건식 위치로 되돌아가지만, for 문의 경우는 먼저 증감식을 실행하고 조건식으로 되돌아간다는 점에 유의하여야 한다. 다음에 주어진 예제를 통해 continue 문의 기능을 익혀보자.

**예제 6-9** 1부터 10까지 정수 중 5를 제외한 모든 수를 더한 결과를 출력하는 프로그램을 작성하라.

```
#include <stdio.h>
void main()
{
        int i=0, sum=0;

        while(i < 10){
                i++;
                if(i == 5)
                        continue;

                sum += i;
        }
        printf("5를 제외한 1부터 10까지 합은 %d이다.\n",sum);
}
```

```
5를 제외한 1부터 10까지 합은 50이다.
```

예제에서 변수 i 값은 1부터 10까지 1씩 증가하면서 sum에 더해지는 반복 루프를 가지고 있다. 반복 실행 중에 if 문의 조건 검사로 i 값이 5와 같으면 continue 문을 실행한다. continue 문은 앞에서 언급된 바와 같이 실행 흐름을 while 문 처음으로 되돌아가게 하므로 5를 더하는 문장(11)은 실행되지 않는다. 따라서 최종 결과로 주어진 sum에는 5를 제외한 1부터 10까지의 정수가 더해진 값이 저장되고, 반복 실행이 종료되면 저장된 값이 출력된다.

**활용 04**

(예제 6-9)를 토대로 1부터 10까지 정수에서 짝수만 더하여 출력하는 프로그램을 작성하라.

## 6.5 goto 문

goto 문은 아무런 조건 없이 어떤 위치로 문장 흐름을 강제적으로 옮기는 명령이다. goto 문은 경우에 따라 강력한 기능으로 사용될 수도 있지만 C언어에서 사용이 장려되지는 않는다. 그 이유는 goto 문은 프로그램을 분석하거나 수정이 요구될 때 상당한 어려움이 생기기도 하기 때문이다. 다음에 주어진 예제를 통해 그 사용 방법을 알아보자.

**예제 6-10** goto 문을 이용하여 1부터 10까지 정수를 더하여 출력하는 프로그램을 작성하라.

```
#include <stdio.h>
void main()
{
	int i=1, sum=0;

	loop:
		sum += i;
		i++;
		if(i <= 10) goto loop;

	printf("1부터 10까지 합은 %d이다.\n",sum);
}
```

```
1부터 10까지 합은 55이다.
```

특정 위치는 예제에서 주어진 문장(6) 'loop:'와 같이 임의의 변수에 콜론(:)을 붙여 만들어진다. 그리고 if 문의 조건 검사에서 i 값이 10보다 작거나 같으면 실행 흐름은 설정된 위치로 강제적으로 옮겨간다. 이런 과정을 거치면서 1부터 10까지 정수인 i 값은 sum에 더해지고 최종적으로 더한 결과가 출력된다.

## chapter_ 06 요약

- while 문: 조건식이 참이면 문장을 반복 실행한다. 이때 반복 실행을 종료시키는 역할을 하는 수식인 증감식이 while 문 내부 문장으로 주어지기도 한다.

```
while(조건식){
    문장;
}
```

- do-while 문: while 문과 동일하게 조건식이 참이면 문장을 반복 실행한다. while 문은 조건을 검사하여 거짓이면 문장을 한 번도 실행하지 않을 수도 있지만, do-while 문은 먼저 문장을 실행하고 조건을 검사하므로 문장을 반드시 한 번은 실행한다.

```
do{
    문장;
}while(조건식);
```

- break 문: 반복문에서 실행 루프를 벗어나기 위하여 사용한다. 반복문의 루프에서 break 문을 만나면 실행 흐름이 반복문 다음 문장으로 이동한다.

- continue 문: 반복문의 루프에서 continue 문을 만나면 실행 흐름을 반복문 처음 위치로 되돌아가도록 한다.

## chapter_ 06 Q&A

**Q** C언어에서 사용되는 반복문에는 어떤 종류가 있는가?

for 문, while 문, do-while 문

**Q** 반복문의 실행 흐름을 분기시키는 명령으로 어떤 것이 사용되는가?

break 문, continue 문, goto 문

**Q** while 문과 do-while 문의 가장 큰 차이점은 무엇인가?

while 문은 조건 검사에서 거짓이면 문장을 한 번도 실행하지 않지만, do-while 문은 먼저 문장을 실행하고 조건을 검사하므로 한 번은 반드시 문장을 실행한다.

## chapter_ 06 실습예제

1 while 문을 이용하여 1부터 20까지의 홀수를 모두 더하고, 그 결과를 출력하는 프로그램을 작성하라.

2 정수 3부터 3의 배수를 더하기 시작하여 최초로 100이 넘는 값을 구하는 프로그램을 작성하라. 이때 마지막으로 더해진 3의 배수도 함께 출력하라.

```
#include <stdio.h>
void main()
{
        int i=3, sum=0;

        while(sum<100){
                sum += i;
                i += 3;
        }
        printf("마지막에 더해진 수는 %d, 합은 %d이다.\n",
                  i-3,sum);
}
```

```
마지막에 더해진 수는 24, 합은 108이다.
```

**3** 무한 루프 while 문을 이용하여 100보다 작은 양의 정수를 연속적으로 입력받아 그 합을 구하도록 하라. 만일 100보다 큰 정수가 입력되면 루프를 종료하고, 그때까지 더한 값을 출력하는 프로그램을 작성하라.

**4** 반복문인 for 문과 while 문을 이용하여 다음 수학식의 결과를 얻는 프로그램을 각각 작성하라.

$$\sum_{i=1}^{10} (i^2+2)$$

**5** 반복문에서 continue 문을 활용하여 아래와 같은 결과가 출력되는 프로그램을 작성하라.

```
1 2 3 5 6 7 8 9 10
```

**6** do-while 문을 이용하여 임의의 세 가지 중국음식 메뉴를 정하고 메뉴가 올바르게 선택될 때까지 계속 반복되게 프로그램을 작성하라.

```
#include <stdio.h>
void main()
{
        int menu;

        do{
                printf("*** 메뉴 선택 ***\n");
                printf("1. 짜장면\n");
                printf("2. 짬 뽕\n");
                printf("3. 탕수육\n");

                printf("\n메뉴를 번호로 선택하세요 : ");
                scanf("%d",&menu);
         } while(menu<1 || menu>3);

```

```
        printf("당신은 %d번 메뉴를 선택하였습니다.\n",menu);
}
```

```
*** 메뉴 선택 ***
1. 짜장면
2. 짬뽕
3. 탕수육

메뉴를 번호로 선택하세요 : 5
*** 메뉴 선택 ***
1. 짜장면
2. 짬뽕
3. 탕수육

메뉴를 번호로 선택하세요 : 2

당신은 2번 메뉴를 선택하였습니다.
```

## chapter_ 06 복습문제

1 while 문의 조건식이 어떤 경우에 해당 루프를 반복하여 실행하는가?

2 반복문에서 실행 중에 루프를 강제로 벗어나게 하는 명령은 무엇인가?

3 반복문에서 실행 흐름을 루프의 처음으로 돌아가도록 하는 명령은 무엇인가?

4 while 문은 적어도 실행 문장을 한 번을 수행하고 조건을 검사한다. [ **참** / **거짓** ]

5 while 문 내부에 for 문을 중첩하여 사용할 수 있다. [ **참** / **거짓** ]

6 break 문은 while 문 루프를 벗어나기 위해서 사용된다. [ **참** / **거짓** ]

7 다음 중 반복문으로 사용되는 명령이 아닌 것은 무엇인가?

① for 문 ② switch 문 ③ while 문 ④ do-while 문

8 다음 중 프로그램 작성에서 사용이 장려되는 않는 명령은 무엇인가?

① break 문 ② continue 문 ③ goto 문 ④ return문

9 다음 두 프로그램에 대한 각각의 실행 결과는 얼마인가?

```
    int i=1, sum=0; while(i<5) { sum+=i; i++; }
int i=1, sum=0; do{ sum+=i; i++; } while(i<5);
```

① 10, 10 ② 10, 15 ③ 15, 10 ④ 15, 15

10 for 문과 while 문의 차이점은 무엇인지 간략하게 설명하라.

**해답**

1. 참(true) 2. break 문 3. continue 문 4. 거짓 5. 참 6. 참 7. ② 8. ③ 9. ①
10. for 문은 이미 정해진 횟수만큼 반복하는 경우에 주로 사용하고, while 문은 미리 반복 횟수를 알 수 없고 조건에 따라서 반복 실행하는 구조를 가진다.

CHAPTER 07

# 배열

지금까지 배운 변수는 하나의 변수 값만을 저장하고 활용하는 형태였다. 하지만 복잡한 응용 프로그램에서는 상호 관련된 많은 값들을 한꺼번에 저장하고 처리한다. 배열은 이런 목적으로 활용되는 대용량 자료형이다. 배열을 사용하면 한 번에 여러 개의 값을 저장할 수 있는 공간들을 선언하고 각각의 값들을 초기화할 수 있다. 또한 앞 장에서 배운 반복문을 배열에 활용함으로써 주어진 일련의 값들을 효율적이고 빠르게 처리할 수 있다.

**학습목표**

- 배열의 개념과 각 요소의 인덱스에 관하여 이해한다.
- 배열 선언과 원하는 값으로 초기화하는 방법을 학습한다.
- 반복문을 활용하여 배열 값을 처리하는 방법을 익힌다.
- 2차원 배열을 이해하고 활용 방법에 관하여 학습한다.

## 7.1 배열

하나의 정수는 정수 변수에 저장한다. 반면 학생 100명의 영어 성적은 100개의 변수가 필요하여, 변수가 너무 많아진다. 이와 같은 경우 배열을 이용한다. 배열은 동일한 형의 데이터 여러 개가 연속된 메모리 공간에 저장된다. 배열도 변수처럼 사용하기 전에 선언을 해야 하며, 배열의 형을 선택하고 배열 이름을 작명해야 한다. 배열은 인덱스라는 첨자를 통해 각 요소로 접근한다. 반복문을 적용하고 요소를 활용하여 배열을 순차적으로 방문할 수 있다.

배열의 선언은 자료형을 적고, 배열 이름을 적은 다음, 대괄호 '[ ]' 안에 배열의 크기를 적는다. 3개의 정수를 저장하는 배열인 dat는 다음처럼 선언한다.

1) 배열의 자료형에는 정수(int), 실수(float), 문자(char) 등이 올 수 있다.
2) 배열 이름은 변수 이름을 만드는 규칙과 같다. 첫 문자는 영문자와 '_', 두 번째부터는 숫자도 올 수 있다. * 나 # 등의 특수 문자는 사용할 수 없다.
3) 배열 크기는 대괄호 [ ] 속에 개수를 적는다.
4) 인덱스(index)로 배열의 데이터를 구분하며, 0부터 (크기 −1)까지가 된다. 주의할 점은 배열의 시작 인덱스는 1이 아니고 0이다.

첫 번째 배열 값은 dat[0]이며 printf("%d\n", dat[0]);으로 값을 출력할 수 있다.

**예제 7-1** 정수 3개를 배열로 선언하고, 그 값을 각각 20, 30, 40으로 대입하고, 배열에 접근하여 값을 화면에 출력하는 프로그램을 작성하라.

```
#include <stdio.h>
void main()
{
        int dat[3];
        dat[0]=20;
        dat[1]=30;
        dat[2]=40;
        printf("%d %d %d\n",dat[0],dat[1],dat[2]);
}
```

```
20 30 40
```

배열의 내용은 배열 선언과 동시에 초기화할 수도 있다. 초기화는 중괄호 속에 각 요소 값을 콤마로 분리하여 넣는다.

```
int dat[3]={20,30,40};
```

**예제 7-2** (예제 7-1)에서 배열 선언과 동시에 값을 초기화하고, 배열의 합을 계산하여 출력하는 프로그램을 작성하라.

```
#include <stdio.h>
void main()
{
        int dat[3]={20,30,40}, sum;

        sum=dat[0]+dat[1]+dat[2];
        printf("%d+%d+%d = %d\n", dat[0], dat[1],
                                dat[2], sum);
}
```

```
20+30+40 = 90
```

문장 4는 3개의 정수를 초기화하였다. 문장 6은 배열의 값을 더해서 sum에 저장한다. 이 예제는 배열이 3개뿐이지만, 만약 배열의 크기가 100개가 넘을 경우라면 100번이나 값을 넣기가 너무 힘이 든다. 이 경우 반복문과 인덱스를 활용하면 매우 쉽게 처리할 수 있다.

**예제 7-3** ▶ **정수 배열에 1부터 100까지 값을 넣고, 이 값을 더하는 프로그램을 작성하라.**

```
1  #include <stdio.h>
2  void main()
3  {
4       int dat[100];
5       int i, sum;
6
7       for(i=0; i<100; i++)
            dat[i] = i+1;          // 값 넣기
8       sum = 0;
9       for(i=0; i<100; i++)
            sum += dat[i];         // 더하기
10
11      printf("1에서 100까지 더하기 = %d\n", sum);
12 }
```

```
5050
```

문장 4에서 int dat[100];은 100개의 정수를 선언한다. 문장 7에서 dat[0]=1;을 dat[1]에는 2를 for 문이 100번 반복하면서 차례로 'dat[99]=100;'을 저장한다. 문장 8에서 더하는 값을 넣을 sum을 0으로 초기화 하고, 문장 9에서 100번 반복을 하면서 1, 2, ..., 100을 차례로 더한다.

### 배열의 메모리 할당

배열은 연속하여 메모리에 할당하는데, 자료형에 따라 차지하는 메모리 바이트 수가 다르다. char 형은 1 바이트, int 형은 4 바이트를 차지한다. 소수점을 나타내는 float는 4 바이트를 double은 8 바이트를 차지한다. 참고로 C언어에서 sizeof() 연산자는 자료형이 메모리에서 차지하는 바이트 수를 리턴한다.

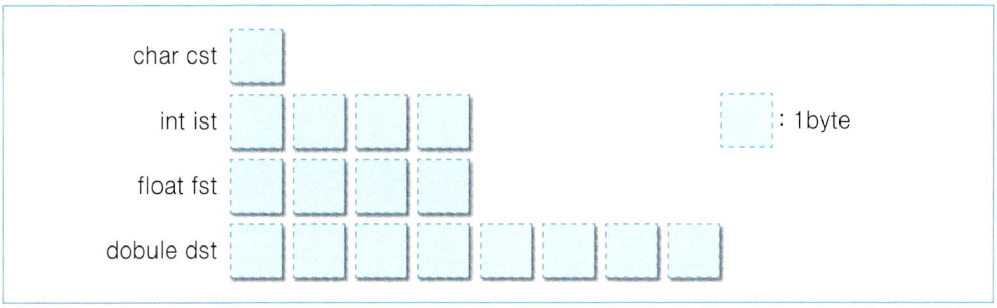


메모리에 저장되는 주소는 int A[3];의 경우, 정수형이므로 4 바이트를 차지하며 배열 각 요소의 메모리 주소는 4 바이트 단위로 증가한다. char B[3]은 문자형이므로 1 바이트를 차지하고 배열의 각 요소의 메모리 주소는 1 바이트 단위로 증가된다.

**메모리 주소**

| **int A[3] : {5, 4, 1, 3};** | |
|---|---|
| A[0] : 0x13ff54 | 100 |
| A[1] : 0x13ff58 | 101 |
| A[2] : 0x13ff6c | 102 |

**메모리 주소**

| **char B[3] : {'a', 'c', 'b'};** | |
|---|---|
| B[0] : 0x13ff4c | a |
| B[1] : 0x13ff4d | c |
| B[2] : 0x13ff4e | b |

배열을 선언할 때 배열 크기를 적지 않으면 컴파일 오류가 발생한다.

```
int num[ ];
```

그러나 배열을 초기화할 때는 배열 크기를 생략해도 컴파일러가 배열 크기를 자동으로 계산하여 준다.

```
int dat[ ]={20, 30, 40};
```

배열을 함수의 매개 변수로 전달할 때에도 배열의 크기를 생략할 수 있다.

### 실수형 배열

배열의 데이터가 소숫점을 포함한 실수인 경우 자료형을 float 또는 double로 배열을 선언한다. 실수 3개를 배열에 초기화하는 코드는 다음과 같다.

```
double f[3] = {1.1, 2.2, 3.3};
```

### 문자형 배열

문자 배열을 문자열이라고 표현한다. 문자 배열은 문자 수보다 배열 크기를 1 더해 주어야 한다. 문자열의 끝에는 '\0'으로 표현되는 NULL이라는 값이 들어간다. 이것이 문장의 끝을 표시한다. 문자열을 복사하거나 옮길 때는 이 값을 활용한다.

```
char c[6]="Korea";
```

**예제 7-4** ▶ **문자 배열의 데이터를 "Korea"로 초기화하고 화면에 출력하는 프로그램을 작성하라.**

```
1  #include <stdio.h>
2  void main()
3  {
4      char c[6]="Korea";          // 문자열의 초기화
5
6      printf("%s\n",c);           // 화면에 문자열을 출력
7  }
```

```
Korea
```

문장 4에서 "Korea"를 char c[6]에 초기화한다. 문장 6의 printf 함수는 문자열을 화면에 출력한다. 여기에서 출력 제어문자는 %s를 사용하고 데이터는 배열변수명만 적으면 문자열 모두를 출력한다. 그리고 문장 4를 'char c[]="Korea";'로 바꾸어도 오류는 발생하지 않는다.

## 7.2 2차원 배열

행렬은 가로와 세로로 구성된 2차원 배열이다. 이와 같은 신호를 처리하기 위해서는 2차원 배열을 사용한다.

2차원 배열은 행row과 열column의 크기를 대괄호 [ ][ ]사이에 지정한다. 예를 들어 정수 2×3 행렬의 선언 방법과 데이터 구조는 다음과 같다.

| | 0번째 열 | 1번째 열 | 2번째 열 |
|---|---|---|---|
| 0번째 행 | mat[0][0] | mat[0][1] | mat[0][2] |
| 1번째 행 | mat[1][0] | mat[1][1] | mat[1][2] |

2차원 배열 요소[1,1]에 값 5를 대입해 보자. 'mat[1][1]=5;' 만약 반복문으로 2차원 배열을 처리하려면 반복문과 인덱스가 각각 두 개씩 필요하다. 밖에 있는 for() 문은 2차원 배열의 대괄호 중에 왼쪽 []에 해당되며, 세로 방향으로 증가한다. 반면 안에 있는 for() 문은 가로 방향에 해당한다.

**예제 7-5** **3×3 행렬 값 {{1,2,3}{4,5,6}{7,8,9}}를 2차원 정수형 배열에 초기화하고 출력하는 프로그램을 작성하라.**

```
#include <stdio.h>
void main()
{
    int i, j;
    int mat[3][3]={{1,2,3},{4,5,6},{7,8,9}};

    for(i=0;i<3;i++){
        for(j=0;j<3;j++)
            printf("%d\t",mat[i][j]);
        printf("\n");
    }
}
```

```
1	2	3
4	5	6
7	8	9
```

2차원 배열의 초기화는 중괄호{ } 블록으로 열을 구분한다.

```
int mat[2][3]={{2,3,4},{4,5,6}};
```

| 2 | 3 | 4 |
|---|---|---|
| 4 | 5 | 6 |

2차원 배열을 1차원 배열로도 초기화할 수 있다.

```
int mat[2][3]={2,3,4,4,5,6};
```

컴퓨터 메모리는 1차원 배열로 나열되어 있어 2차원 배열도 메모리에 1차원 형태로 저장된다. 1차원 배열의 초기법과 동일하게 2차원 배열의 데이터 수만큼 초기화하면 2차원 배열로 초기화한 것과 같다.

**예제 7-6** **세로 및 가로가 2×3 인 mat1과 mat2의 내용을 더하여 mat3에 저장하는 행렬의 덧셈 프로그램을 작성하라.**

```
#include <stdio.h>
void main()
{
      int i, j;
      int mat1[2][3]={{1,2,3},{4,5,6}};
      int mat2[2][3]={{1,1,1},{2,2,2}};
      int mat3[2][3];

      for(i=0;i<2;i++){
          for(j=0;j<3;j++){
             mat3[i][j] = mat1[i][j]+mat2[i][j];
             printf("%d\t",mat3[i][j]);
          }
          printf("\n");
     }
}
```

```
2       3       4
6       7       8
```

문장 4에서 i와 j는 세로 방향과 가로 방향의 인덱스로 사용된다. 문장 5와 6에서 행렬값이 초기화 되었다.

문장 9의 i 인덱스는 배열의 왼쪽 대괄호 속에 들어가서 세로 방향으로 위치를 이동시킨다. 문장 10의 j 인덱스는 배열의 오른쪽 대괄호 속에 들어가서 가로 방향으로 위치를 이동시킨다. i가 0일 때 j가 0, 1, 2로 바뀌고, i가 1로 증가 된 다음 다시 j가 0, 1, 2로 바뀐다.

문장 14의 printf("\n")는 가로로 한 줄을 출력한 다음, 칸 띄우기를 한다. 이것을 없애면 2, 3, 4, 6, 7, 8이 한 줄로 출력된다.

## chapter_ 07 요약

- 배열은 동일한 형의 변수를 연속된 메모리 공간에 저장한다.
- 배열의 선언은 대괄호를 활용하여 크기를 나타낸다.
- 배열은 인덱스를 활용하여 접근한다.
- 배열 선언 및 초기화하기

  자료형 배열_명[크기]={데이터1, 데이터2, … };

  예) int data[5]={1,2,3,4,5};
- 2차원 배열 선언 및 초기화

  자료형 배열_명[행_크기][열_크기]={{데이터 , …},{데이터2, …}, … };

  예) int data[2][3]={{1,2,3},{4,5,6}};

## chapter_ 07 Q&A

**Q** 동일한 자료형의 데이터 여러 개를 인덱스를 활용하여 쉽게 접근할 수 있는 데이터 구조는 무엇인가?

배열

**Q** 정수 배열을 5개 선언한 경우 필요한 메모리의 바이트 수는 얼마인가?

20바이트

**Q** 소수점이 포함된 30일 간의 온도를 저장하기 위한 배열을 선언하라.

float t[30];

**Q** 학생 20명의 국어와 영어 성적을 저장하기 위한 2차원 배열을 선언하라.

int s[2][20];

## chapter_ 07 실습예제

1 실수형 배열을 활용하고, 키보드로부터 3명의 몸무게를 입력받아 평균을 구하는 프로그램을 작성하라.

```
#include<stdio.h>
void main()
{
        float w[3], sum=0.;
        int i;

        for(i=0;i<3;i++){
            printf("몸무게를 입력 : ");
            scanf("%f", &w[i]);
            sum += w[i];
        }

        printf("%.2f\n", sum/3.);
}
```

```
몸무게를 입력 : 1.1 ↵
몸무게를 입력 : 2.2 ↵
몸무게를 입력 : 3.3 ↵
2.20
```

**2** 정수형 배열을 {1, 2, 3, 4, 5}으로 초기화하고, 배열의 내용을 모두 더해서 화면에 출력하는 프로그램을 작성하라.

```
#include<stdio.h>
void main()
{
        int i, sum=0;
        int v[5]={1, 2, 3, 4, 5};

        for(i=0;i<5;i++){
            sum += v[i];
        }
        printf("%d\n", sum);
}
```

15

**3** 정수 배열 5개를 {1, 2, 3, 4, 5}으로 초기화하고, 배열의 내용을 5부터 역순으로 출력하는 프로그램을 작성하라.

**4** 한 명의 국어, 영어, 수학 3과목의 성적을 dat[3] 배열에 입력받아, 총점과 평균을 구하여 출력하는 프로그램을 작성하라.

```
#include <stdio.h>
void main()
{
        int i, dat[3], sum=0;
        float avg;

        printf("국어: "); scanf("%d",&dat[0]);
        printf("영어: "); scanf("%d",&dat[1]);
        printf("수학: "); scanf("%d",&dat[2]);

        for(i=0; i<3; i++)                      // 총점 계산
            sum += dat[i];
```

```
    avg = (float)sum/3.0;                        // 평균 계산

    printf(" 국어:  영어:  수학:  총점:  평균\n");
    for(i=0; i<3; i++)
        printf("  %3d : ",dat[i]);               // 성적 출력
    printf(" %4d : %5.2f\n",sum,avg);            // 평균 총점
}
```

```
국어: 90 ↵
영어: 85 ↵
수학: 95 ↵
  국어:   영어:   수학:   총점:  평균
  90 :    85 :    95 :    270 : 90.00
```

**5** 3×3 크기의 2차원 배열을 다음처럼 초기화하고, 최댓값을 구하는 프로그램을 작성하라.

{1,3,6}

{2,4,7}

{5,1,2}

```
#include<stdio.h>
void main(){
    int i, j, max;
    int val[3][3]={{1,3,6},{2,4,7},{5,1,2}};

    max=val[0][0];
    for(i=0;i<3;i++){
        for(j=0;j<3;j++){
            if(val[i][j] > max)
                max=v[i][j];
        }
    }
    printf("%d\n", max);
}
```

```
7
```

**6** 2×2 크기의 2차원 배열 두 개를 다음처럼 초기화하고, 행렬의 곱을 계산하는 프로그램을 작성하라.

$$\begin{bmatrix} 1,2 \\ 3,4 \end{bmatrix} \qquad \begin{bmatrix} 1,1 \\ 1,1 \end{bmatrix}$$

```
#include<stdio.h>
void main(){
     int i, j, k, mx;
     int a[2][2]={{1,2},{3,4}};
     int b[2][2]={{1,1},{1,1}};
     int c[2][2]={0,0,0,0};

     for(i=0;i<2;i++){
         for(j=0;j<2;j++)
             for(k=0;k<2;k++)
              c[i][j] += a[i][k]*b[k][j];
         }
     for(i=0;i<2;i++){
         for(j=0;j<2;j++)
             printf("%d  ", c[i][j]);
         printf("\n");
     }
}
```

```
3 3
7 7
```

## chapter_ 07 복습문제

1 동일한 자료형 데이터를 메모리에 연속적으로 저장하여 처리하도록 하는 것을 무엇이라고 하는가?

2 'int dat[3];'으로 선언된 경우 두 번째 배열의 값은 무엇인가?

3 배열을 초기화하려면 어떤 괄호 안에 초기값을 적는가?

4 C언어에서 배열 인덱스의 시작은 1이다. **[ 참 / 거짓 ]**

5 문자형 배열은 각각 요소가 1바이트씩 차지한다. **[ 참 / 거짓 ]**

6 배열은 for 문과 인덱스를 활용하여 접근할 수 없다. **[ 참 / 거짓 ]**

7 배열에 대한 설명으로 적합한 것은 무엇인가?
① 배열을 선언할 때 배열의 크기는 ( ) 속에 적는다.
② 배열을 초기화할 때 int a[3]=(1, 2, 3);으로 한다.
③ 배열 선언에서 int a[];의 경우 컴파일에서 오류가 발생한다.
④ 배열 인덱스의 시작은 1부터 한다.

8 배열에 대한 설명으로 맞지 않는 것은 무엇인가?
① 선언된 배열의 크기보다 큰 인덱스로 접근하면 오류가 발생한다.
② 문자열 배열의 경우 끝 표시로 '\0' 문자를 활용한다.
③ 2차원 배열을 접근할 때 하나만의 인덱스로 접근해야 한다.
④ 배열은 2차원 3차원 등으로 확대될 수 있다.

**9** 'int a[3][4];'라고 선언된 정수형 배열은 몇 개의 요소로 구성되어 있는가?

① 3 ② 4 ③ 7 ④ 12

**10** 다음 코드가 2차원 배열에 1부터 9까지를 넣을 수 있도록 오류를 수정하라.

```
int i, j, k=1;
for(i=0; i<3; i++)
    for(i=0; i<3; i++)
        mat[i][j] = k++;
```

**해답**

1. 배열 2. dat[1] 3. 중괄호 4. 거짓 5. 참 6. 거짓 7. ③ 8. ③ 9. ④
10. 내부의 for에서 i를 j로 바꾸어야 한다.

CHAPTER 08

# 파일처리 및 전처리

프로그램에서 처리한 데이터를 파일에 저장하고 읽을 수 있다. 파일은 문자 파일과 이진 파일로 구분되며, 읽고 쓸 때 방법이 서로 다르다.

| 구분 | 설명 |
|---|---|
| 문자 파일 | 메모장으로 작성하는 파일로 눈으로 읽을 수 있고 프린트 할 수 있음 |
| 이진 파일 | 동영상 또는 음성 파일, 실행 파일 등으로 메모장에서 열면 깨어진 문자가 출력되는 파일 |

파일은 포인터로 선언을 하고 fopen() 함수로 열고, 파일 읽기와 저장하기 함수를 활용하여 프로그램한다.

**학습목표**

- 파일에 숫자를 저장하고 읽는다.
- 데이터를 이진 파일로 저장하고 읽는다.
- 조건부로 필요한 경우만 전처리기를 실행한다.
- 매크로 함수로 프로그램의 실행 속도를 높인다.

## 8.1 파일에 숫자 저장하기

편집기로 간단하게 파일을 하나 만들어 보자. 메모장을 열고 내용을 입력한 다음 메뉴에서 [파일] > [저장]을 선택하여 파일이름을 적고 저장한다. 그러나 프로그램에서는 파일에 데이터를 저장하려면 파일을 포인터로 선언을 한 후, 파일을 열고, 파일 입출력 함수로 테이터 저장을 하고, 끝으로 파일을 닫는다. 파일의 포인터 선언은 FILE *fp; 이다. 파일 생성은 fp=fopen(); 함수를 이용한다. 파일에 데이터를 저장하는 함수는 fprintf()를 활용한다.

**예제 8-1** **하드 디스크의 c:₩에 dat.txt 파일을 만들고 첫 줄에는 정수 20을 다음 줄에는 정수 30을 저장하는 프로그램을 작성하라.**

```
#include <stdio.h>
void main()
{
      FILE *fp;                          // 파일 포인터 선언
      fp=fopen("c:\\dat.txt","w");       // 쓰기 모드로 파일 오픈
      fprintf(fp, "%d\n%d", 20, 30);     // 첫줄에 20
                                         // 다음 줄에 30저장
      fclose(fp);                        // 파일 닫기
}
```

이 프로그램을 실행하면 화면이 한번 깜박하고 다시 편집 창으로 되돌아온다. 윈도우 탐색기로 c:\에 생성된 파일 dat.txt를 열어보자.

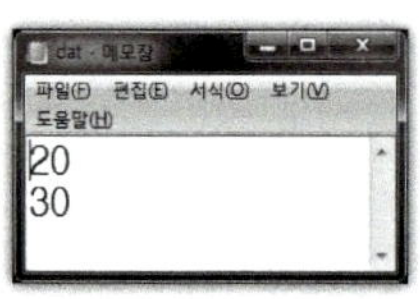

fopen("c:\\dat.txt", "w") 함수의 첫 매개 변수인 "c:\\data.txt"는 폴더와 파일 이름을 의미한다. 파일 이름만 fopen("dat.txt", "w");와 같이 작성하면, 현재 작업하는 폴더에 dat.txt 파일이 생성된다. 두 번째 매개 변수 "w"는 쓰기용으로 파일을 생성한다. 만약 c:\clang\dat 폴더에 dat.txt를 만들려면 fopen("c:\\clang\\dat\\dat.txt", "w");으로 주의 할 것은 역슬래시(\)를 각각 두 개씩 적어야 한다.

## 8.2 파일에서 정수 값을 읽고 더하기

(예제 8-1)을 실행하면 하드디스크의 c:\에 있는 dat.txt 파일에는 각 줄에 숫자가 하나씩 저장되어 있다. 파일의 이 숫자를 읽고 더하는 프로그램을 작성하자. 파일을 읽으려면 fopen()에서 두 번째 매개 변수를 읽기 전용으로 하는 "r"로 작성한다. fscanf();는 파일에서 값을 읽을 때 활용한다.

**예제 8-2** c:₩dat.txt에는 각 줄에 하나씩 두 개의 정수 값이 들어 있다. 이 값을 읽고 더하여 화면에 출력하는 프로그램을 작성하라.

```
1  #include <stdio.h>
2  void main()
3  {
4      int a, b, c;
5      FILE *fp;
6
7      fp=fopen("c:\\dat.txt","r");    // 읽기용으로 파일 오픈
8      fscanf(fp,"%d%d",&a,&b);        // 값을 읽기
9      fclose(fp);
10
11     c = a + b;
12     printf("%d+%d=%d\n", a, b, c);
13  }
```

만약, 파일이 없거나 파일이름을 잘못 적어 오류가 발생하는 경우 예외 처리를 해 보자. 문장 7인 fp=fopen() 다음에 아래 코드를 삽입하자. 파일이 정상적으로 잘 열리면

fopen() 함수는 정수 값을 리턴하는데, 오류가 나면 NULL을 리턴한다. exit() 함수를 활용하려면 #include〈stdlib.h〉를 포함해야 한다. exit() 함수는 프로그램을 강제로 종료한다.

```
fp=fopen("c:\\dat.txt","r");          // 읽기용으로 파일 오픈
if(fp==NULL){                         // 파일 열기 성공 여부를 검사
    printf("File Not Found!!");       // 파일 열기 실패 메시지
    exit(-1);                         // 프로그램 실행 강제 종료
}
```

## 8.3 문자열의 파일 입출력

문자열은 띄어쓰기를 포함할 수 있는 문장으로 fputs()함수는 문자열을 파일에 저장한다.

**예제 8-3** fputs 입출력 함수를 활용하여 문자열 "I love Korea"를 c:₩my1.txt에 저장하는 프로그램을 작성하라.

```
#include <stdio.h>
void main()
{
    FILE *fp;
    char str[30]="I love Korea";

    fp=fopen("c:\\my1.txt", "w");      // 파일 열기
    fputs(str,fp);                     // 내용 저장
    fclose(fp);                        // 파일 닫기
}
```

c:\my1.txt 파일에 저장된 내용

```
I love Korea
```

파일에 있는 띄어쓰기가 포함된 문자열을 읽을 때는 fgets() 함수를 활용한다.

**예제 8-4** ▶ **예제 8-3에서 저장한 c:₩my1.txt을 읽어 화면에 출력하는 프로그램을 작성하라.**

```
1  #include <stdio.h>
2  void main()
3  {
4       FILE *fp;
5       char str[80];
6
7       fp=fopen("c:\\my1.txt", "r");          // 파일 열기
8       fgets(name,80,fp);                     // 이름 읽기
9       printf("%s",str);                      // 문장 출력
10      fclose(fp);                            // 파일 닫기
11 }
```

```
I love Korea
```

문장 8의 80은 최대로 읽는 문자의 수이다. 읽을 문자 수 이전에 줄 바꿈 문자(\n)나 파일의 끝에 도달하면 읽기를 중단한다. 저장할 때 줄 바꿈 제어문자(\n)도 같이 저장하였기 때문에 printf() 함수는 \n을 사용하지 않아도 된다.

## 8.4 이진 파일의 입출력

이진 파일은 바이트 단위로 저장하고 읽는다. 이진 파일을 읽고 쓸 때에는 fread() 함수와 fwrite() 함수를 이용한다. fopen()에서 "wb"는 이진 파일을 저장하는 모드이다. fwrite() 함수는 데이터를 특정한 바이트의 단위로 일정한 양의 데이터를 저장하는 함수이다. 바이트 단위로 저장하기 때문에 텍스트 파일과 같이 메모장에서는 내용을 확인할 수 없다.

**예제 8-5** "I love Korea"와 정수 {10, 20, 30} 3개를 이진 파일로 저장하라.

```
#include <stdio.h>
void main()
{
      FILE *fp;
      char name[30]="I love Korea";
      int data[3]={10, 20, 30};

      fp=fopen("c:\\binary.bin", "wb");        // 파일 열기
      fwrite(name,sizeof(char),30,fp);
      fwrite(data,sizeof(int),3,fp);
      fclose(fp);                              // 파일 닫기

 }
```

```
c:\binary.bin 파일
"I love Korea                 " //30byte
"■   ■   ■   " //12byte로 정수 데이터 3개 2진수로 저장
```

fopen()에서 두 번째 매개 변수인 모드mode는 이진 파일 데이터 쓰기 모드(wb, ab, rb+, wb+, ab+)를 사용한다.

ASCII 코드인 문자는 바이트 단위로 저장되어 메모장에서 확인을 할 수 있지만, 4 바이트로 이루어진 정수 데이터는 기호로 나타나 확인할 수 없다. fprintf()나 fputs() 함수로 문자열을 저장하는 경우에는 문자열 종료인 NULL 기호를 인식하고 저장을 종료하지만 fwrite() 함수는 지정된 30개의 char 형 데이터를 모두 저장한다. 바이트 형태로 저장된 정수 데이터는 4 바이트 단위의 정수형 데이터로 읽으면 바로 정수가 된다.

**예제 8-6** ▶ **c:₩binary.bin 바이너리 파일에 들어 있는 최대 30개의 문자와 3개의 정수를 읽고 값을 출력하자.**

```
#include <stdio.h>
void main()
{
     FILE *fp;
     char name[30];
     int i, data[3];

     if( (fp=fopen("c:\\binary.bin", "rb")) == NULL){
        printf(" File Not Found !");
        exit(-1);
     }

     fread(name,sizeof(char),30,fp);     // 데이터 읽기(char 30)
     fread(data,sizeof(int),3,fp);       // 데이터 읽기(정수 3)
     printf("%s\n",name);                // 문자 데이터 출력

     for(i=0;i<3;i++)
         printf("data[%d]=%d\n",i,data[i]);  // 정수 출력
     fclose(fp);                             // 파일 닫기
 }
```

```
I love Korea.
data[0]=10
data[1]=20
data[2]=30
```

fread() 함수는 데이터의 단위를 바이트의 단위로 결정하고, 한 번에 읽은 데이터의 양을 규정하여 데이터를 입력한다.

# 8.5 전처리기

전처리는 #이 붙여진 줄로 컴파일하기 전에 미리 처리한다. 상수 3.14를 PI로 정의하려면 #define PI 3.14처럼 한다. 이 경우 프로그램의 PI는 전처리과정에서 모두 3.14로 바뀐다.

## 1 #define 문

#define을 정의문이라 한다. #define은 상수 정의와 매크로 함수 정의의 두 가지 기능이 있다. 상수는 프로그램 도중에서 변하지 않는 값을 의미한다. 원주율 3.14를 상수 PI로 정의하자. 상수는 대체로 대문자로 적는다.

```
#define PI 3.14
```

#undef는 #define으로 정의한 것을 무효화 하는 데 사용한다.

**예제 8-7** LIMIT를 10으로 정의하였다가 무효화하고 20으로 다시 정의하라.

```
#include <stdio.h>
#define LIMIT 10
void main()
{
	printf("%d\n", LIMIT);
	#undef LIMIT
	#define LIMIT 20
	printf("%d\n", LIMIT);
}
```

이 예는 LIMIT를 100으로 상수를 선언하였으나 #undef LIMIT를 만나면 해제되며 #define LIMIT 20에서 다시 20으로 선언하였다.

## 2 #include 문

#include를 포함문이라 하며, 포함문의 파일을 헤더header파일이라 하고 확장자는 .h를 사용한다. 포함문은 헤더파일을 찾아 그 내용을 모두 복사하여 포함문 위치에 추가한다.

```
#include <헤더파일>
#include "헤더파일"
```

꺽쇠괄호 < >는 include 디렉터리에서 헤더파일을 찾고, 큰따옴표 " "인 경우 현재 작업 폴더에서 먼저 찾는다. 헤더파일에는 주로 함수의 원형prototype이나 자료형이 정의되어 있다. 함수원형은 리턴 값은 어떤 형이며, 매개 변수는 몇 개이며 형이 무엇인지를 설명하며, 사용자의 실수를 검사하는데 활용된다.
조건부 컴파일 문인 #ifdef와 #endif 사이의 문장은 #define으로 LIMIT가 정의된 경우에만 실행된다. 다음의 printf() 문이 실행되려면 주석 처리된 //를 없애야 한다.

**예제 8-8** 조건부 컴파일에서 printf()가 실행 되도록 프로그램을 수정하라.

```
#include <stdio.h>
//#define LIMIT 10
void main()
{
      #ifdef LIMIT
      printf("%d\n", LIMIT);
      #endif
}
```

#ifdef, #ifndef, #else, #elif, #endif는 if와 else 문처럼 조건에 따라 전처리를 할 수 있는 기능을 제공한다.

## 8.6 매크로 함수

#define으로 함수를 작성할 수 있으며 이를 매크로 함수라 한다. SQUARE(2);는 2의 제곱을 계산하는 것인데 이를 매크로 함수로 작성하자.

**예제 8-9** x를 제곱하는 SQUARE(x)와 a와 b 중에 큰 수를 찾아 주는 매크로 max(a,b)를 프로그램하라.

```
#include <stdio.h>
#define SQUARE(x) x*x
#define max(a,b) a>b ? a:b
void main()
{
      printf("SQUARE(x) = %d\n", SQUARE(2));
      printf("max(2,5) = %d\n", max(2,5));
}
```

```
SQUARE(x) = 4
max(2,5) = 5
```

매크로 함수는 일반 함수보다 실행 속도가 훨씬 빠르다. 그러나 매크로 함수는 소스코드 길이가 함수보다 길어진다.

함수는 반복 사용하는 코드를 모은 것으로 재활용하기 쉬우나 함수를 실행하려면 리턴 값과 변수 값을 메모리에 저장하는데 시간이 많이 걸린다. 실행 속도를 빠르게 하려면 함수가 호출되는 곳마다 소스 코드를 복사하면 되는데 이처럼 하는 것을 매크로 함수라 한다.

매크로 함수는 함수처럼 별도로 코드를 정의하고, 전처리에서 호출되는 곳에 복사되어 실행 속도가 빠르다.

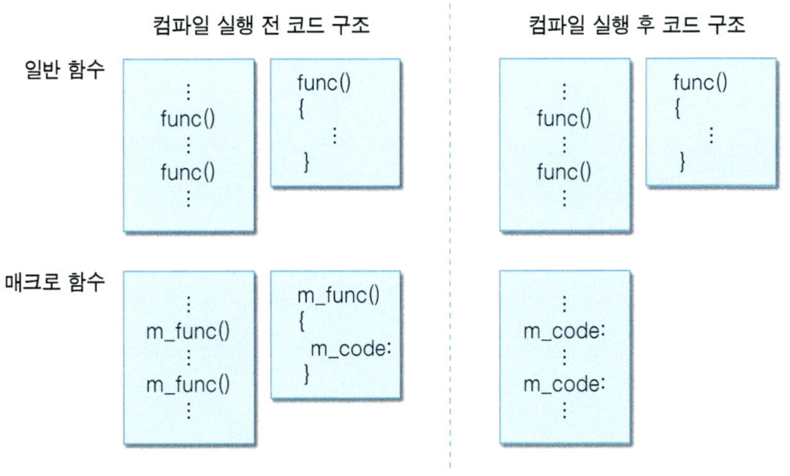


**예제 8-10** 원의 둘레를 계산하고, 면적을 계산하는 매크로를 작성하라.

```
1  #include <stdio.h>
2  #define PI 3.14
3  #define cir_len(r) 2.0*r*PI
4  #define cir_area(r) \
5  r*r*PI
6  void main()
7  {
8      printf("Cir_len(1) = %f\n", cir_len(1));
9      printf("Cir_area(1) = %f\n", cir_area(1));
10 }
```

```
Cir_len(1) = 6.280000
Cir_area(1) = 3.140000
```

문장 4와 같이 매크로가 긴 경우 다음 줄에 매크로 함수가 계속된다는 표시로 백 슬래시 '\'를 줄 끝에 표시한다. 문장 5의 마지막 줄의 끝에는 '\'를 추가하지 않는다.

## chapter_ 08 요약

- 파일 포인터 선언 및 파일 열기 FILE *fp; fp=fopen("name.txt", "r");
- fprintf() /* 파일에 쓰기 */
- fscanf() /* 파일에서 읽기 */
- fputs() /* 파일에 문자열 쓰기 */
- fgets() /* 파일에 문자열 읽기 */
- 전처리기
  - 포함문 : #include<헤더파일> 또는 #include "헤더파일"
  - 정의문 : #define 식별자 표현
  - 정의 취소문 : #undef 식별자
  - 조건 선언문 : #ifdef, #ifndef, #endif, #else, #elif
- 매크로 함수

## chapter_ 08 Q&A

**Q** 하드디스크의 파일을 접근할 때 포인터 선언에 사용되는 명령은 무엇인가?

FILE

**Q** 파일은 반드시 포인터로 선언해야 한다. **[ 참 / 거짓 ]**

참

**Q** 파일에서 문자열을 읽어오는 명령어는 무엇인가?

fscanf(), gets()

**Q** 헤더파일을 선언할 때 < >와 " "의 차이점은 무엇인가?

< >는 컴파일러가 지정하는 include 폴더 안에 존재하는 파일을 포함하는 방법, " "는 현재 사용하는 폴더 안이나 include 폴더 안에 존재하는 파일을 모두 포함하는 방법이다.

**Q** #ifdef나 #ifndef이 영향을 미치는 범위는 어디까지인가?

#endif 문이 나올 때까지이다.

**Q** 매크로 함수의 실행 문이 여러 줄일 때 어떻게 선언하는가?

매크로 함수가 다음 줄에 계속된다는 \ 부호를 줄의 마지막에 추가한다.

## chapter_ 08 실습예제

1 c:\tmp 폴더에 my.txt 파일에 첫 줄에는 “Korea” 다음 줄에는 “Wonderful”을 저장하는 프로그램을 작성하라.

```
#include<stdio.h>
void main()
{
      FILE *fp;
      fp=fopen("c:\\tmp\\my.txt", "w");
      fputs("Korea",fp);
      fputs("Wonderful",fp);
      fclose(fp);
}
```

```
// my.txt
Korea
Wonderful
```

2 1번에서 생성한 c:\tmp 폴더에 있는 my.txt 파일을 읽고 화면의 한 줄에 출력하는 프로그램을 작성하라.

```
#include<stdio.h>
void main()
{
      FILE *fp;
      char ch[256];
      fp=fopen("c:\\tmp\\my.txt", "r");
      while(fgets(ch,' ', fp)){
          puts(ch);
      }
      fclose(fp);
 }
```

```
Korea
Wonderful
```

3 배열에 넣은 1부터 10까지 정수 값을 myint.bin 파일에 이진 파일로 저장하는 프로그램을 작성하라.

```
#include<stdio.h>
void main()
{
      FILE *fp;
      int a[10]={1,2,3,4,5,6,7,8,9,10};
      fp=fopen("c:\\tmp\\my.bin", "wb");
      fwrite(a,10,4,fp);
      fclose(fp);
}
```

파일 my.bin이 저장됨

4 3번에서 저장한 값을 읽고 화면에 출력하는 프로그램을 작성하라.

```
#include<stdio.h>
void main()
{
	FILE *fp;
	int a[10], i;
	fp=fopen("c:\\tmp\\my.bin", "rb");
	fread(a,10,4,fp);
	fclose(fp);
	for(i=0;i<10;i++) printf("%d\n", a[i]);
}
```

```
1
2
...
10
```

5 두 수 중에 작은 값을 찾는 매크로 함수를 작성하라.

```
#include <stdio.h>
#define minimum(x, y) x<y ? x: y
void main()
{
	printf("%d\n", minimum(2, 5));
}
```

```
2
```

6 조건부 컴파일을 활용하여 #define DEBUG 1이 있으면 “It's no bug”가 출력 되는 프로그램을 작성하라.

```
#include <stdio.h>
#define DEBUG 1
void main()
{
        #ifdef DEBUG
        printf("%s\n", "It's no bug");
        #endif
}
```

## chapter_ 08 복습문제

1 파일에 데이터를 저장하려고 한다. fp=fopen(“my.dat”, “r”); 명령에 적합한 fp에 대한 선언을 기술하라.

2 파일처리에서 데이터를 읽기 위한 함수를 작성하라.

3 컴파일하기 이전에 미리 처리하는 전처리기는 어떤 부호로 시작을 하는가?

4 두 수 중에 큰 수를 찾는 함수를 매크로 함수로 정의하라.

5 음악파일이나 그림파일은 텍스트 파일로 처리한다. [ **참** / **거짓** ]

6 #define PI 3.14 뒤에는 세미콜론을 붙여야 한다. [ **참** / **거짓** ]

7 #include “my.h”는 현재 디렉터리에서 my.h를 먼저 찾고, 없으면 include 폴더에서 찾아 파일에 첨부한다. [ **참** / **거짓** ]

8 파일 입출력에 적합하지 않은 함수는 무엇인가?

① fopen(); ② fscanf(); ③ printf(); ④ fgets();

9 전처리기 중에 매크로 함수를 선언하는 명령은 무엇인가?

① #include ② #define ③ #ifdef ④ #ifndef

10 매크로 함수와 일반 함수에 대한 설명으로 틀린 것을 골라라.

① 매크로 함수는 #define으로 작성한 함수이다.

② 매크로 함수는 전처리 과정에서 프로그램에 코드가 대체된다.

③ 매크로 함수는 일반함수보다 처리 속도가 더 오래 걸린다.

④ 매크로 함수는 대체로 짧고 빠르게 처리해야 하는 경우 적용한다.

**해답**

1. FILE *fp; 2. fscanf(), fgets(), fread() 3. # 4. #define max(a, b) 5. 참
6. 거짓 7. 참 8. ③, 거짓 9. ②, 10. ③

C | H | A | P | T | E | R

# 09

# 함수

성적 처리 프로그램을 작성하다 보면 각 교과목에 대한 평점과 개인별 총점과 평균 등의 작업은 매번 실행할 때마다 동일한 소스 코드를 반복해서 사용한다. 이와 같이 동일한 작업을 프로그램 여러 곳에서 실행하는 경우 프로그래머가 함수로 정의하여 필요할 때마다 호출해서 사용할 수 있으면 프로그램을 효과적으로 작성할 수 있다.

C언어는 수학의 팩토리얼 계산이나 바둑과 같은 게임에서 동일한 작업을 반복하는 함수를 효과적으로 작성할 수 있도록 함수 내에서 자신의 함수를 호출하는 재귀호출이 가능하다.

프로그래머가 작성한 많은 함수들을 쉽게 재활용할 수 있도록 C언어에서는 사용자가 헤더 파일을 정의하고 선행 처리문으로 포함시켜서 사용할 수 있다.

C언어는 필요한 기능을 직접 작성하여 사용할 수 있도록 예약어를 최소화하여 printf()나 scanf()와 같은 표준 입출력 기능도 표준 함수로 제공한다. 본 장에서는 수학 연산, 시간 그리고 운영체제 명령과 관련된 표준함수의 예를 설명한다.

**학습목표**

- 반복적으로 사용하는 코드를 함수로 정의할 수 있다.
- 함수의 처리에 필요한 데이터를 전달할 수 있다.
- 함수의 처리 결과를 가져올 수 있다.
- 함수를 재활용할 수 있다.
- C언어의 표준 함수를 사용할 수 있다.

# 9.1 함수

## 1 함수란?

함수는 정의된 작업을 수행하는 소스 코드를 블록 구조로 묶어 구조화한 것이다. 함수는 작업 실행에 필요한 데이터를 전달하고 처리한 결과를 받는 방법만 정확히 알고 있으면 프로그램을 작성할 때 필요한 곳에서 호출해서 사용할 수 있고, 다른 프로그램에서도 사용할 수 있다.

함수를 사용하면 프로그램의 재활용률을 높일 수 있으며, 프로그램을 이해하는데도 도움이 된다.

아래 그림은 성적 처리 프로그램에서 평점을 계산할 때 함수를 사용하지 않는 경우와 사용하는 경우를 비교하여 나타냈다.

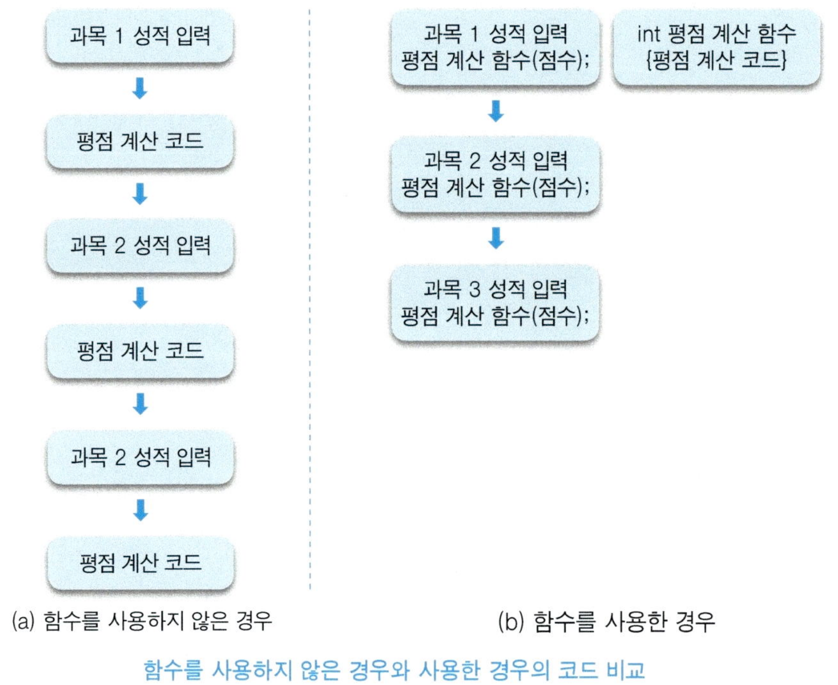


함수를 사용하지 않은 경우와 사용한 경우의 코드 비교

함수를 사용하지 않으면 4장 제어문에서 작성한 평점 계산을 하기 위한 소스 코드를 프로그램의 필요한 부분에 직접 작성해야 하지만, 함수를 사용하는 경우에는 함수를 별도로 정의한 후 소스 코드에서 함수의 이름만 호출하면 되므로 프로그램이 간결하고 이해하기 쉽다.
평점계산 함수는 다른 프로그램의 평점 계산에도 사용할 수 있으므로 프로그램의 재활용률을 높일 수 있다.

## 2 함수 사용 방법

C언어에서 함수를 사용할 때 다음의 두 가지 과정이 필요하다.

① 함수 정의 : 함수가 작업할 내용을 소스 코드로 작성
② 함수 호출 : 함수가 처리할 작업이 필요한 곳에서 함수를 사용하는 코드

일반적으로 함수 정의는 함수를 호출하는 프로그램보다 앞에서 정의한다.

**예제 9-1 ▶ 한 문자로 구성된 라인을 출력하는 프로그램을 작성하라.**

1) main() 함수만으로 작성된 프로그램 예이다.

```
#include <stdio.h>
void main()
{
      printf("********************\n");
      printf(" Programmer: GD Hong\n");
      printf(" Date: 2012-08-04\n");
      printf("--------------------\n");
}
```

```
********************
 Programmer: GD Hong
 Date: 2012-08-04
--------------------
```

출력 양식으로 별표(*)나 점선(-) 등을 반복적으로 출력하는 경우가 많다. 이러한 작업을 함수로 작성하면 편리하게 원하는 문자를 반복적으로 출력할 수 있다.

2) 필요한 수만큼 한 문자를 라인으로 출력하는 함수로 작성한 프로그램 예이다.

```
#include <stdio.h>
void print_line(char a,int n)     // 함수 정의
{       int i;
        for(i=0; i<n ; i++)
            printf("%c",a);
        printf("\n");
}
void main()
{
        print_line('*',20);           // 함수 호출
        printf(" Programmer: GD Hong\n");
        printf(" Date: 2012-08-04\n");
        print_line('-',20);           // 함수 호출
 }
```

```
********************
 Programmer: GD Hong
 Date: 2012-08-04
--------------------
```

# 9.2 함수 정의

## 1 함수 정의

함수는 소스 코드를 하나의 블랙박스로 가정하고, 내부의 소스 코드를 몰라도 함수의 이름, 함수의 기능, 매개 변수와 함수 처리 결과 값의 자료형만 알면 사용할 수 있다. 함수의 정의 방법은 다음과 같다.

```
자료형 함수_이름(자료형1 매개 변수1, 자료형2 매개 변수2, ...)
{
   변수 선언;
   함수 실행 문장;
   return 처리결과_반환_값;
}
```

### 자료형

함수는 실행 결과를 함수가 호출된 소스 코드로 되돌려 주어야 정상적으로 프로그램이 실행된다. 이 때 실행 결과 값의 자료형과 호출한 소스 코드에서 값을 활용하는 변수의 자료형이 다르면 실행 오류가 발생할 수 있다.
변수의 자료형을 모두 사용할 수 있다.

### void 형

함수의 처리 결과를 호출한 코드로 보내지 않아도 되는 함수를 나타낸다.

### 함수이름

함수의 이름은 변수의 이름을 정하는 것과 같이 영어 대문자, 영어 소문자, 숫자, 특수문자(_)만 사용한다. 숫자는 첫 문자로 사용할 수 없다.

### 매개 변수

매개 변수는 함수를 실행할 때 필요한 데이터가 있을 경우 함수로 전달하는 역할을 한다. 이때 매개 변수의 자료형과 변수명을 함께 적는다. 매개 변수가 여러 개일 때는 변수 사이에 콤마 연산자를 사용하여 구분한다. 변수명은 호출하는 소스 코드의 변수명과 동일하지 않아도 된다.
데이터를 전달할 필요가 없는 함수는 매개 변수를 사용하지 않아도 된다.

### 반환 값

함수의 처리 결과가 하나의 값인 경우는 반환 값으로 함수를 호출한 원 프로그램에 되돌려 준다. 값을 반환할 때는 예약어 return 다음에 반환 값 또는 반환식을 쓴다.
함수가 void 형으로 정의된 경우에는 return 문을 작성할 필요가 없다.

**예제 9-2** 두 수를 더하는 함수를 작성하라.

1) 두 정수 값을 더하여 덧셈 결과를 반환하는 함수로 작성한다.

```
#include <stdio.h>
int radd(int a, int b)          // 덧셈 함수 정의
{
        return a+b;             // 덧셈 결과를 반환
}
void main()
{
        int ia=5, ib=3, ic;

        ic=radd(ia,ib);         // 함수 호출
        printf(" %d + %d = %d\n",ia, ib, ic);
 }
```

```
5 + 3 = 8
```

2) 두 함수를 더하여 결과까지 출력하여 결과를 반환할 필요가 없는 함수로 작성한다.

```
#include <stdio.h>
void add(int a, int b)        // 반환 값이 없는 덧셈 함수 정의
{
        int c;

        c = a+b;
        printf("%d + %d = %d\n",a,b,c); // 연산결과를 출력
}
void main()
 {
         int ia=5, ib=3;

         add(ia,ib);                // void 형 함수 호출
 }
```

```
5 + 3 = 8
```

## 2 함수의 원형prototype 선언

함수 선언이 호출하는 프로그램보다 뒤에 정의되면 일반적으로 컴파일러가 함수를 찾을 수 없다는 오류가 발생한다. 이러한 오류를 없애기 위하여 함수가 프로그램 내에 정의되어 있다는 것을 알려주는 함수의 원형을 아래와 같이 선언해 준다.

```
자료형 함수_이름(자료형1, 자료형2, ... );
```

함수의 원형을 선언할 때 매개 변수의 자료형만 적어도 되지만 일반적으로 함수를 정의한 머리 부분을 복사하여 붙이기를 많이 활용하므로 변수 이름까지 적는 경우가 많다. (예제 9-2)의 (1)의 radd() 함수를 호출하는 main() 함수 다음에 정의한 경우 함수 원형을 선언해주어야 한다.

**예제 9-3 ▶ 함수 원형을 사용하여 두 수를 더하는 함수를 선언하는 프로그램**

```c
#include <stdio.h>
int radd(int, int);  // radd() 함수 원형 선언
void main()
{
        int ia = 5, ib = 3, ic;

        ic=radd(ia,ib);
        printf(" %d + %d = %d\n",ia,ib,ic);
}
int radd(int a, int b)
{
        return a+b;
}
```

```
5 + 3 = 8
```

## 9.3 재귀호출Recursive call

재귀호출은 함수가 자기 자신을 호출하는 것을 말한다. 재귀호출은 수학의 팩토리얼 factorial이나 퀵 정렬 알고리즘, 장기나 바둑과 같은 게임 프로그램 등 많은 분야에서 반복문을 사용하여 복잡하게 구성되는 소스 코드를 좀 더 단순하고 간략하게 작성할 수 있다.

**예제 9-4 ▶ 팩토리얼을 계산하여 출력하는 프로그램을 작성하라.**

```
1  #include <stdio.h>
2  int recfact(int n)          // 재귀호출 함수
3  {
4       if(n==1)               // 재귀호출 함수 종료 조건
5            return 1;
6       else
7            return n*recfact(n-1);
8  }
9  void main()
10 {
11       printf("%d factorial is %d\n", 3, recfact(3));
12 }
```

```
3 factorial is 6
```

재귀호출 함수인 rectfact() 함수의 종료는 문장 5의 제어문이 만족되면 종료된다.

## 9.4 함수의 재활용

큰 프로그램을 개발할 때 모든 프로그램을 새로 작성하는 것보다는 지금까지 개발된 함수들을 재활용하는 것이 효율적이다. C언어에서 함수를 재활용하는 편리한 방법으로 전처리문의 포함문(#include)으로 함수들을 추가하여 사용하는 방법이 있다. 개발된 함수들을 일반적으로 헤드파일의 확장자(.h)로 저장하고, 새로 개발할 프로그램의 전처리문의 포함문(#include)을 이용하여 추가하면 된다. #include 문의 선언 방법은 다음과 같다.

```
#include <헤더파일>
#include "헤더파일"
```

꺽쇠 괄호 < >로 헤더파일을 쓰는 경우 컴파일러에서 지정한 폴더에서 헤더파일을 찾아 포함시킨다. 큰 따옴표 " "로 헤더파일을 쓰는 경우 먼저 작업 폴더에서 헤더파일을 찾고, 없으면 컴파일러에서 지정한 폴더에서 찾아 포함시킨다. 헤더파일의 확장자는 일반적으로 .h를 사용한다.

## 9.5 표준 함수

C언어의 연산자나 키워드는 수학에서 사용하는 많은 함수들이 포함되어 있지 않다. 따라서 삼각함수 계산과 같은 프로그램을 작성할 때는 사용자가 직접 함수를 작성해야 하는 어려움이 있다. 이러한 문제점을 해결하기 위하여 C언어에서는 많은 함수들을 표준 함수로 제공한다. 표준 함수는 include 폴더에 있는 헤더 파일들이다.

### 1 수학 계산 함수

수학 관련 함수는 math.h 파일에 정의되어 있으며, 소스 코드는 컴파일되어 라이브러리에 포함되어 있다. math.h에 선언된 주요 함수는 다음과 같다.

| 함수 | 내용 |
|---|---|
| double sin(double x) | x의 sine 값 |
| double cos(double x) | x의 cosine 값 |
| double tan(double x) | x의 tangent 값 |
| double asin(double x) | arc sine |
| double fabs(double x) | x의 절대값 |
| double exp(double x) | e의 x승 |
| double log(double x) | 자연로그 |
| double log10(double x) | 상용로그 |
| double pow(double x, double y) | x의 y승 |
| double sqrt(double x) | x의 제곱근 |

각도의 입력은 라디안 값이며, 도degree(°)를 사용할 때는 연산을 해야 한다.

**예제 9-5** sin45°를 계산하는 프로그램을 작성하라.

```
#include <stdio.h>
#include <math.h>
#define M_PI 3.14159
void main()
{
        double deg=45.0, x;

        x = (deg/180.0)*M_PI;
        printf("sin(%5.1f) = %5.3f\n", deg, sin(x));
}
```

```
sin( 45.0) = 0.707
```

## 2 시간 함수

C언어에서 시간을 처리하는 함수는 time.h파일에 정의되어 있다.
time.h 파일에 선언된 시간 함수의 일부는 다음과 같다.

| 함수 | 내용 |
|---|---|
| char *asctime(struct tm *tb) | 시간을 표시할 수 있는 문자열로 변환 |
| char *ctime(time_t *t) | 현지시간 표시 |
| double difftime(time_t t2, t1) | 두 시간의 차이를 계산 |
| struct tm *gmtime(time_t *t) | 시간을 세계 표준시로 변환 |
| struct tm *localtime(time_t *t) | 시간을 현지 시간으로 변환 |
| time_t time(time_t *t) | 현재의 시간을 얻음 |
| time_t mktime(struct tm *tp) | 구조체형의 시간 변환 |
| clock_t clock(void) | 프로그램 실행 개시로부터의 경과 시간 계산 |

시간을 나타내는 구조체 tm은 각종 시간정보가 선언되어 있다.

```
struct tm{
    int tm_sec;              int tm_min;
    int tm_hour;             int tm_mday;
    int tm_mon;              int tm_year;
    int tm_wday;             int tm_yday;
    int tm_isdst;
};
char * 형                    double 형
time_t 형                    clock_t 형
```

**예제 9-6** 현재 시간을 출력하는 프로그램을 작성하라.

```c
#include <stdio.h>
#include <time.h>
void main()
{
      time_t t;
      struct tm *local_t;
      char *disp_t;

      time(&t);
      local_t = localtime(&t);
      disp_t = asctime(local_t);
      printf("%s\n", disp_t);
}
```

```
Sun Aug 12 22:38:56 2012
```

## 3 기타 함수

stdlib.h 파일에서 정의된 함수들 중에서 자주 사용하는 함수들을 설명한다.

### 난수 발생 함수

난수 발생 함수 rand()는 0에서 RAND_MAX(0x2fff=32,767)까지의 수를 임의의 난수로 발생하는 함수이다.

#### rand() 함수 사용 방법

```
int 랜덤넘버_변수;
srand(초기값);
랜덤넘버_변수=rand();
```

여기서 랜덤넘버_변수는 rand()에서 발생한 난수를 저장하는 정수형 변수이며, srand()는 rand() 함수가 난수를 발생할 초기 값을 지정하는 함수이다. 만약 srand() 함수로 초기값을 지정하지 않거나 초기값이 같은 경우 프로그램을 실행할 때마다 동일한 난수가 발생한다. 일반적으로 프로그램을 시작할 때마다 초기값을 바꾸기 위해 초기값으로 현재의 시간을 주로 사용한다.

**예제 9-7** ▶ **1~6까지의 난수 발생 예제를 작성하라. 단 초기값은 현재 시간으로 사용하라.**

```c
#include <stdio.h>
#include <time.h>
void main()
{
     int i;

     time_t t;
     srand(time(&t));
     for(i=0;i<4;i++)
         printf(" %d \t", (rand()%6)+1);
 }
```

```
5       2       4       2
```

rand() 함수에서 발생한 난수는 0~32,767까지이다. 이것을 1~6까지의 수로 변환하는 방법은 문장 10과 같이 나머지 연산자를 사용하여 6으로 나눈 후 1을 더하여 1~6까지의 난수로 변환한다.

### system() 함수

프로그램 진행 중에 운영체제에서 실행하는 명령어를 실행하는 함수이다.

```
system("명령어");
```

예를 들면 지금까지 많이 사용한 system("pause");는 실행을 잠시 중단하라는 운영체제의 명령어를 실행한 것이다.

**예제 9-8 ▶ 메모장 프로그램을 실행하는 프로그램을 작성하라.**

```
#include <stdlib.h>
void main()
{
        system("notepad.exe");
}
```

(메모장 프로그램이 실행된다.)

## 4 exit() 함수

exit() 함수는 프로그램 실행을 강제적으로 종료시키는 함수로 정상적으로 종료되면 0을 반환하며, 종료할 때 오류가 발생하면 0이 아닌 값을 반환한다.

**예제 9-9** y 키가 입력되면 프로그램 실행을 종료하는 프로그램을 작성하라.

```
#include <stdio.h>
#include <stdlib.h>
void main(void)
{
      char yn;
      while(1)
      {
            printf(" Exit (y/n) ? ");
            scanf("%c",&yn);
            if( yn == 'y'){
                  printf("Program Exit ");
                  exit(1);
            }
       }
  }
```

```
Exit (y/n) ? n↵
Exit (y/n) ? y↵
Program Exit
```

## chapter_ 09 요약

### 함수의 정의

```
자료형 함수_이름(자료형 변수명 1, 자료형 변수명 2, …)
{
   변수 선언;
   문장;
   return 반환_값;
}
```

### 함수의 자료형

함수의 자료형은 반환 값 변수의 자료형을 사용한다. 반환 값이 필요 없는 함수의 자료형은 void 형이다.

### 함수의 원형prototype

자료형 함수_이름(변수명 1_자료형, 변수명 2_자료형, … );

### 재귀호출Recursion

함수 내에서 자신의 함수를 호출하는 함수를 재귀호출이라 한다.

### 표준함수

C언어에서 제공하는 함수들로 선행 처리문의 #include 문으로 포함시켜서 사용한다.

## chapter_ 09 Q&A

**Q** 함수의 반환 값이 없는 경우 함수의 자료형으로 적는 키워드는 무엇인가?

void

**Q** 함수를 호출하는 소스 코드가 함수의 정의보다 앞에서 작성된 경우 컴파일러에게 함수가 다음에 정의 되었다는 것을 알려주는 방법은 무엇인가?

함수를 호출하기 전에 함수의 원형을 선언한다.

**Q** C언어에서 수학과 관련된 함수를 사용하는 방법은 무엇인가?

수학 함수 관련 헤더파일 math.h를 선행 처리문에 포함시킨다.

**Q** 난수를 발생할 때 프로그램 실행 후 발생 수에 무관하게 난수를 발생시키는 일반적인 방법은 무엇인가?

초기 값을 현재 시간으로 설정한다.

## chapter_ 09 실습예제

**1** (예제 9-1)의 print_line() 함수를 이용하여 다음 문양을 출력하는 프로그램을 작성하라.

@
@@
@@@
@@@@
@@@@@
@@@@@@
@@@@@
@@@@
@@@
@@
@

```c
#include <stdio.h>
void print_line(char a,int n)
{
      int i;
      for(i=0; i<n ; i++)
           printf("%c",a);
      printf("\n");
}
void main()
{
      int i=6;
      for(i=1;i<=6;i++)
           print_line('@',i);
      for(i=5;i>=1;i--)
           print_line('@',i);
}
```

```
@
@@
@@@
@@@@
@@@@@
@@@@@@
@@@@@
@@@@
@@@
@@
@
```

**2** 정수 배열에 저장된 데이터의 합과 평균을 계산하는 함수를 작성하여 다음 배열의 합과 평균을 계산하라.

[10, 20, 40, 80, 90, 55, 65, 75, 80, 88]

```
#include <stdio.h>
#include <stdlib.h>
int sum(int a[],int N)
{
    int i,sum;
    sum=0;
    for(i=0;i<N;i++)
        sum+=a[i];
    return sum;
}
double average(int a[],int N)
{
    int i,sum;
    double avg;
    sum=0;
    for(i=0;i<N;i++)
        sum+=a[i];
    avg=(double)sum/N;
    return avg;
```

```
}
void main()
{
        int A[10]={10, 20, 40, 80, 90, 55, 65, 75, 80,
                   88};
        printf("합 = %d\n",sum(A,10));
        printf("평균 = %5.2f\n",avg(A,10));
        system("pause");
}
```

```
합 = 603
평균 = 60.30
```

이 예제에서 평균을 계산할 때 합의 결과를 이용한다. 따라서 합과 평균을 동시에 구하는 것이 편리하다. 그러나 함수의 반환 값은 하나의 값만을 전달할 수 있으므로 합과 평균을 동시에 전달할 수 없다. 이런 문제점은 다음 장의 포인터를 이용하면 해결할 수 있다.

**3** 아래 조건의 초등학교 수학 교육 프로그램으로 덧셈, 뺄셈, 곱셈, 나눗셈을 연습하는 프로그램을 작성하라.

- 조건 1 : 덧셈, 뺄셈, 곱셈, 나눗셈을 선택할 수 있도록 한다.
- 조건 2 : 모든 입력 값은 정수이고, 나눗셈은 몫과 나머지로 정답을 확인한다.
- 조건 3 : 정답을 즉석에서 확인할 수 있도록 한다.
- 조건 4 : 틀린 문제는 정답이 입력될 때까지 3번을 반복해서 실행한다.
- 조건 5 : 프로그램 실행 종료는 정답의 수로 결정하고, 이 수는 입력할 수 있도록 한다.

**4** Windows의 보조프로그램 폴더의 아이콘을 선택하는 것과 같이 다음의 여러 프로그램을 사용자가 번호로 선택하면 실행할 수 있는 프로그램을 작성하라. 단, 프로그램의 종료를 선택할 때까지 반복해서 선택하고 실행될 수 있도록 작성한다.

```
  1. 메모장(notepad.exe)
  2. 워드페드(wordpad.exe)
  3. 그림판(mspaint.exe)
  4. 계산기(calc.exe)
  5. 프로그램 종료
실행할 프로그램의 번호는 :
```

5 직각 삼각형의 두 직각의 길이를 입력하면 빗변의 길이를 구하는 함수를 작성하라.

6 이등변 삼각형의 각 변의 길이를 입력하면 삼각형의 면적을 계산하는 프로그램을 함수로 작성하라.

7 반지름과 각도를 입력하면 원호의 길이와 원호의 면적을 계산하는 프로그램을 작성하라.

## chapter_ 09 복습문제

1 특정한 기능을 수행할 목적으로 명령들을 블록으로 묶어 구조화한 것을 무엇이라고 하는가?

2 함수 자신이 자신의 함수를 호출하는 것을 무엇이라고 하는가?

3 시간과 관련된 표준함수가 포함된 헤더파일은 무엇인가?

4 함수의 리턴 값은 12개까지 가질 수 있다. **[ 참 / 거짓 ]**

5 C언어로 작성한 프로그램을 실행하는 중에는 운영체제의 명령어를 사용할 수 없다. **[ 참 / 거짓 ]**

**6** C언어는 수학과 관련된 많은 함수들을 표준함수로 제공한다. **[ 참 / 거짓 ]**

**7** 다음 중 프로토타입의 선언이 맞지 않는 경우는 무엇인가?

① int add(int, int); ② int add(int a, int b);

③ void add(int a, int b); ④ int add(int a, b);

**8** 작업 폴더에 포함된 헤더파일(user.h)을 사용하는 선행 처리문 중 올바른 것은 무엇인가?

① #include <user.h> ② #include "user.h"

③ #include (user.h) ④ #define user.h

**9** 함수에 대한 설명으로 맞지 않는 것은 무엇인가?

① 함수를 호출하는 부분이 함수 정의 부분보다 먼저 나오면 함수를 호출하기 전에 함수의 원형을 선언해야 한다.

② 반환 값이 없는 경우 함수의 자료형은 void 형이다.

③ 함수를 종료할 때는 반드시 retrun 문으로 반환 값을 돌려주어야 한다.

④ printf(), scanf()과 같은 함수를 표준 함수라 한다.

**10** 함수에서 a와 b의 두 수의 합을 반환하는 return 구문을 작성하라.

**해답**

1. 함수 2. 재귀호출 3. time.h 4. 거짓(리턴 값은 단 하나만 가질 수 있다.)
5. 거짓(system() 함수로 가능하다.) 6. 참 7. ④ 8. ② 9. ③ 10. return a+b;

C | H | A | P | T | E | R **10**

# 포인터

C언어는 메모리 주소를 지정하여 접근할 수 있는 포인터가 있다. 이 포인터를 이용하면 함수를 호출하는 프로그램의 메모리를 함수에서 간접으로 접근하여 이용할 수 있으므로 처리 결과가 여러 개인 경우에도 하나의 함수로 프로그램할 수 있다. 또한 포인터를 이용하면 포토샵과 같이 프로그램 실행 중에 입력 이미지에 따라 배열의 크기를 결정할 수 있는 동적 메모리 할당도 가능하다.
C언어의 가장 중요한 부분 중에 하나가 포인터이다. 따라서 포인터는 가장 어렵다고도 하지만, 포인터를 이해하지 못하면 C언어의 특성을 100% 활용할 수 있다고 할 수 없을 만큼 중요한 분야이다.
포인터의 기초적인 핵심 부분만 정리하여 설명하였다. 따라서 본 장의 내용만 잘 따라서 학습하면 C언어의 포인터를 이해하고 활용할 수 있다.

**학습목표**

- 포인터의 개념을 이해하고 학습한다.
- 2개 이상의 함수 처리 결과 값을 반환하는 방법을 익힌다.
- 포인터로 배열 데이터를 처리하는 방법을 학습한다.
- 포인터로 동적 메모리 사용법을 알아본다.

# 10.1 포인터pointer

## 1 포인터 개념 및 활용

포인터는 메모리의 주소를 지시하는 의미로, C언어에서 메모리를 이용하고자 할 경우에는 반드시 이해하고 활용하여야 하는 중요한 분야이다. 포인터를 간단하게 표현하면 다음과 같다.

- 포인터는 메모리 주소를 지시한다.
- 포인터는 데이터가 저장된 메모리의 주소를 저장한다.
- 포인터를 간접주소 지정방식의 메모리 접근방법이라 한다.
- 포인터는 연산이 가능하며, 이때 값의 변화는 자료형에 따라 크기가 변한다.

함수의 처리 결과가 여러 개일 때 포인터를 사용하면 여러 개의 결과를 함수를 호출한 프로그램으로 전달할 수 있다. 프로그램 실행 중에 필요한 메모리 공간을 확보하는 동적 메모리를 설정할 때도 포인터를 활용할 수 있다.

## 2 포인터 사용법

포인터를 사용할 때는 포인터 변수를 선언하고 포인터에 메모리 주소를 대입하는 초기화 후 사용할 수 있다. 포인터 변수를 선언할 때 변수명 앞에 간접참조 연산자(*)를 쓰면 포인터 변수가 된다.

```
자료형 *포인터_변수명;
```

### 정수형 포인터 변수 선언의 예

```
int *p;
p : 메모리 주소를 저장
*p : p가 지시하는 메모리 주소에 저장된 데이터 값
```

C언어에서 메모리 주소는 주소 연산자(&)를 사용하여 변수나 배열의 주소를 표시할 수 있다. 그리고 배열의 시작 주소는 배열명으로 나타낼 수 있다.

### 변수와 배열의 메모리 주소 표현의 예

```
int ia, ib[10];
ia 변수의 주소 : &ia,
ib 배열의 시작주소 : ib 또는 &ib[0]
```

포인터는 메모리 주소를 저장하는 변수이므로 반드시 메모리 주소를 지정하는 초기화 후에 사용해야 한다.

### 포인터 변수의 사용 예

| 올바른 사용 예 | 잘못 사용한 예(메모리 주소 초기화 하지 않았음) |
|---|---|
| int ia=5;<br>int *pia;<br>pia=&ia; | int *pia;<br>*pia=5; // 주소가 없는 상태에 데이터 대입 오류 |

pia가 지시하는 메모리 주소로 변수 ia의 메모리 주소를 대입하여 초기화하면 *pia는 변수 ia와 같은 메모리 공간을 공유하는 다른 이름을 갖는 것이다. 따라서 *pia로 변수 ia의 데이터를 알 수 있다. 여기서 *를 역참조 연산자라 한다.

**예제 10-1** 포인터 변수를 이용하여 변수 값을 바꾸는 프로그램을 작성하라.

```
1  #include <stdio.h>
2  void main()
3  {
4       int ia=20;
5       int *pia;
6
7       //*pia=25; // 주소가 지정되지 않은 상태에 데이터 저장 오류
8       pia=&ia;
9       printf(" &ia=%#x pia=%#x \n", &ia, pia);
10      printf(" ia=%d *pia=%d \n",ia,pia);
11
12      *pia=25;
13      printf(" ia=%d *pia=%d \n",ia,*pia);
14  }
```

```
&ia=0x12ff60 pia=0x12ff60
ia=20 *pia=20
ia=25 *pia=25
```

문장 7은 메모리 주소가 지정되지 않은 상태에서 25를 메모리에 저장하라는 실행 구문이므로 실행오류가 발생한다. 문장 8에서 *pia가 지시하는 주소로 변수 ia의 주소(0x12ff60)를 대입하였으므로 포인터 변수 *pia와 변수 ia는 동일한 주소를 갖는다. 따라서 문장 12와 같이 *pia의 값을 변화시키면 같은 메모리 주소인 변수 ia도 같이 변한다.

## 10.2 함수의 매개 변수로 포인터 활용

제9장 함수에서 C언어는 함수의 연산한 결과를 단 하나의 값만 반환 값으로 보낼 수 있다는 것을 알았다. 이러한 문제는 함수에서 사용하는 변수들은 함수가 종료되면 메모리에서 삭제되고 반환 값만 호출한 소스 코드로 전달되기 때문이다. 함수의 연산 결과가 여러 개인 경우 반환 값으로 전달할 수 없는 문제를 해결하기 위해서 포인터를 이용

한다.

함수를 호출한 프로그램에서 사용하는 변수나 배열의 메모리 주소를 알 수 있다면, 함수의 처리 결과를 호출한 프로그램의 변수나 배열의 메모리 주소에 직접 저장하면 함수가 종료되어도 처리 결과는 호출한 프로그램에서 사용할 수 있다. 이러한 함수 호출 방법을 "참조에 의한 호출call by reference"이라하며, 반환 값에 의하여 연산 결과를 전달하는 방법을 "값에 의한 호출call by value"이라고 한다.

## 1 참조에 의한 호출call by reference 함수

함수를 호출할 때는 변수의 메모리 주소를 가인수로 전달하고, 함수에서 매개 변수로 받을 때는 포인트 변수로 받아, 함수의 처리한 결과를 포인터 변수에 저장하면 이것은 결과적으로 호출한 프로그램의 변수에 저장하는 것과 같다.

예를 들어 전달한 정수 값에 10을 더한 결과와 20을 더한 결과를 돌려받는 void 형 함수 cbr()의 예는 다음과 같다.

| 함수를 호출 방법 | 함수 정의 및 처리 방법 |
|---|---|
| int a, b, c=30;<br>cbr(&a, &b, c); | void cbr(int *pa, int *pb, int c)<br>{<br>    *pa=c+10;<br>    *pb=c+20;<br>} |

cbr() 함수의 처리 결과를 돌려받는 변수 a,b는 cbr() 함수를 호출할 때는 변수의 주소를 가인수로 보내고, cbr() 함수는 전달된 주소로 포인터 변수 *pa,*pb를 초기화하여 동일한 메모리를 공유하도록 한다. 따라서 cbr() 함수에서 *pa와 *pb의 값을 변화시키면 함수를 호출한 프로그램의 변수 a와 b의 값이 변한다. 그러므로 cbr() 함수가 종료되어도 변수 a, b는 계속 유지되므로 cbr() 함수의 처리 결과를 반환 값이 아닌 함수의 인수로 전달한 것과 같다.

**예제 10-2** ▶ **정수 배열 [10, 20, 40, 80, 90, 55, 65, 75, 80, 88]에 저장된 값의 합과 평균을 동시에 계산하는 함수를 작성하고, 함수 결과를 돌려받아 출력하는 프로그램을 작성하라.**

```
1   #include <stdio.h>
2   void sum_avg(int a[], int N, int *psum, double *pavg)
3   {
4       int i;
5
6       *psum=0;
7       for(i=0;i<N;i++)
8          *psum+=a[i];
9       *pavg=(double)*psum/N;
10  }
11  void main()
12  {
13      int  a[10]={10, 20, 30, 40, 90, 55, 65, 75, 80, 88};
14      int sum;
15      double avg;
16
17      sum_avg(a,10,&sum,&avg);
18      printf("합 = %3d\n",sum);
19      printf("평균 = %5.2f\n",sum);
20  }
```

```
합 = 603
평균 = 60.30
```

합과 평균을 계산하는 함수를 정의하는 문장 2에서 처리 결과를 전달하는 합과 평균에 해당하는 매개 변수들은 포인터 변수(*psum,*pavg)로 선언하고, 문장 17에서 함수를 호출할 때는 변수의 메모리(&sum,&avg)를 전달해야 한다. 문장 6~9에서 합과 평균을 계산할 때, 포인터 변수를 초기화하지 않고 그대로 사용해도 되는 것은 함수를 호출할 때 메모리 주소로 초기화 되었기 때문에 가능하다. 문장 9의 (double)는 정수/정수의 결과는 정수가 되므로 이번 연산에서만 실수/정수로 바뀌어 결과가 실수가 되도록 하는, 정수를 실수로 변환하는 형 변환한 연산자이다.

배열을 함수로 전달하는 방법은 문장 17과 같이 호출할 때는 배열의 시작 주소를 보내고, 함수에서는 전달받는 데이터가 배열임을 표시하여 배열의 시작주소를 받는다. 다음 절의 배열과 포인터를 배우면 명확하게 이해된다.

# 10.3 배열과 포인터

## 1 배열의 메모리 주소

C언어는 자료형에 따라 데이터가 메모리에서 차지하는 바이트 크기가 다르다. 따라서 배열에서 요소의 변화에 대한 메모리 주소의 차이도 다르다. 자료형에 따른 데이터 바이트 수는 char 형이 1 바이트, short 형이 2 바이트, int 형이 4 바이트, float 형이 4 바이트, double 형이 8 바이트이다. 배열에서 요소를 1증가하면 메모리 주소는 자료형의 크기와 같은 수로 변한다.

예를 들어 char 형 배열 ca가 메모리 주소 1000번지부터 데이터가 저장된다고 가정하고 int 형 배열 ia가 메모리 주소 2000번지부터 저장된다고 가정하여 배열에 저장된 데이터에 대한 배열 요소의 주소를 확인해보자.

char ca[3]={10,20,30};

| 배열 요소 | 메모리 주소 | 데이터(1byte) |
|---|---|---|
| ca[0] | ca = &ca[0] : 0x1000 | 10 |
| ca[1] | &ca[1] : 0x1001 | 20 |
| ca[2] | &ca[2] : 0x1002 | 30 |

int ia[3]={10,20,30};

| 배열 요소 | 메모리 주소 | 데이터(4byte) | | | |
|---|---|---|---|---|---|
| | | +0 | +1 | +2 | +3 |
| ia[0] | ia = &ia[0] : 0x2000 | 10 | | | |
| ia[1] | &ia[1] : 0x2004 | 20 | | | |
| ia[2] | &ia[2] : 0x2008 | 30 | | | |

같은 값을 저장해도 자료형에 따라 데이터를 저장하는 메모리 바이트 수는 다르다. 메모리 번지 0x1000은 ca[0]의 값 10이 저장되고, 0x1001번은 ca[1]의 값 20이 저장되지만 메모리 번지 0x2000에서 0x2003까지의 4 바이트는 ia[0]의 값 10이 저장된다. 그러므로 0x2001번지는 ia[0]의 값 10이 저장되는 메모리 중의 한 바이트이다.

## 2 포인터 연산

포인터의 연산은 데이터에 대한 연산과 메모리 주소에 대한 연산이 있다. 데이터 연산은 일반 연산과 같지만 메모리 주소 연산은 포인터의 자료형에 따라 연산의 결과가 다르다. 포인터 연산을 할 때는 데이터에 대한 연산인지 메모리 주소에 대한 연산인지 구분하여야 한다.

| 연산 | 괄호 표기 | 설명 | 연산 종류 |
|---|---|---|---|
| *p+1 | (*p)+1 | *p 값에 1을 더한다. | 데이터 |
| *p++ | *(p++) | *p 값을 사용하여 연산한 후 메모리를 다음 메모리 주소로 변경 | 메모리 주소 |
| *++p | *(++p) | 다음 메모리 주소를 증사시킨 후 증가된 메모리 주소에 저장된 데이터로 연산 | 메모리 주소 |
| *p+=1 | (*p)+=1 | *p 값에 1을 더한다. | 데이터 |

포인터 연산의 구분

메모리 주소를 1 증가 또는 감소하는 경우에는 메모리 주소가 단순히 1 증가 또는 감소하는 것이 아니라 자료형의 바이트 크기만큼 증가 및 감소한다.

## 3 포인터와 배열

배열은 동일한 자료형의 집합이며, 각각의 데이터는 배열의 요소로 처리할 수 있다. 인접한 배열의 요소 간의 메모리 주소는 배열의 자료형의 바이트 크기만큼 차이가 난다. 포인터의 메모리 주소 연산에서 증가 감소는 포인터의 자료형의 바이트 크기만큼 증가 감소함으로 배열의 기준 주소를 포인터의 기준 주소로 대입하면 포인터의 메모리 주소의 증가 감소로 배열의 각 요소를 대신할 수 있다.
예를 들어 포인터를 배열의 시작 번지로 초기화한 경우는 다음과 같다.

```
int ia[3]={10,20,30};
int *pia;
pia=ia;
```

| 배열 | 메모리 주소 | 포인터 | 데이터 |
|---|---|---|---|
| ia[0] | 0x1000 | *(pia) | 10 |
| ia[1] | 0x1004 | *(pia+1) | 20 |
| ia[2] | 0x1008 | *(pia+2) | 30 |

pia에 배열 ia의 시작 주소를 대입하였으므로 ia[0]와 *pia는 동일한 메모리 주소를 갖는다. 포인터 변수 *pia의 주소만을 1 증가시키는 *(pia+1)은 정수형 변수의 메모리 주소를 정수형의 다음 메모리 주소로 증가시키는 연산이므로 ia[1]과 같은 메모리 주소가 된다. 따라서 포인터로 배열을 처리할 수 있다.

**예제 10-3** ▶ **정수 배열 {10,20,30}의 시작 번지를 포인터 변수의 주소로 초기화하여 포인터의 메모리 주소를 증가시키면서, 포인터의 데이터를 50씩 더한 결과를 배열과 포인터로 출력하여 확인하는 프로그램을 작성하라.**

```
#include <stdio.h>
void main()
{
    int i, a[3]={10,20,30};
    int *pa;
    pa=a;

    printf(" 포인터 주소 연산 \n");
    for(i=0;i<3;i++)
        printf("a[%d]=%d, *(pa+%d)=%d\n",i,a[i],i,*(pa+i));

    for(i=0;i<3;i++)
        *(pa+i) = *(pa+i)+50;

    printf(" 포인터의 데이터 연산 결과\n");
    for(i=0;i<3;i++)
        printf("a[%d]=%d, *(pa+%d)=%d\n",i,a[i],i,*(pa+i));
 }
```

```
포인터 주소 연산
a[0]=10, *(pa+0)=10
a[1]=20, *(pa+1)=20
a[2]=30, *(pa+2)=30
포인터의 데이터 연산
a[0]=60, *(pa+0)=50
a[1]=70, *(pa+1)=70
a[2]=80, *(pa+2)=80
```

문장 6에서 pa의 시작 주소에 배열 a의 시작 주소를 대입하였으므로 문장 12에서 pa의 주소를 1씩 증가시키는 것은 배열 a의 요소를 1증가시키는 것과 같다. 문장 16에서 포인터의 데이터 연산은 포인터가 지시하는 메모리 주소의 데이터를 변화시키므로 배열 a가 *pa와 동일하게 변한다.

포인터 변수 *pa가 배열 a와 같으므로 포인터 변수를 배열과 같이 표현해도 된다. 따라서 문장 10, 13, 17의 *(pa+i)는 pa[i]로 바꾸어도 된다. 문장 13을 배열 형태로 표현하면 다음과 같다.

```
pa[i] = pa[i] + 50;
```

**예제 10-4** **정수 벡터 a=[10,20,30], b=[30,40,50] 벡터의 합 c를 구하는 프로그램을 함수로 이용하여 작성하라.**

```
#include <stdio.h>
void vadd(int *pa, int *pb, int *pc, int N)
{
      int i;

      for(i=0;i<N;i++)
         *(pc+i)=*(pa+i)+*(pb+i);
}
void main()
 {
      int a[3]={10,20,30};
      int b[3]={30,40,50};
      int c[3],i;

      vadd(a,b,c,3);
      for(i=0;i<3;i++)
         printf("a[%d]=%d + b=%d =>
                 c=%d\n",i,a[i],b[i],c[i]);
 }
```

```
a[0]=10 + b=30 => c=40
a[1]=20 + b=40 => c=60
a[2]=30 + b=50 => c=80
```

함수를 호출하면서 매개 변수로 데이터를 전달할 때는 하나씩 전달해야 한다. 벡터와 같은 배열은 여러 개의 값을 가지고 있으므로 데이터 값을 직접 전달하는 것은 매우 어렵다. 그러나 배열의 메모리 주소를 전달하면 함수에서 그 메모리의 데이터를 포인터로 처리하여 배열을 간단하게 처리할 수 있다. 함수를 호출할 때는 문장 15와 같이 배열의 시작 주소(배열 이름)를 전달하고, 문장 2와 같이 포인터 변수로 메모리의 주소를 전달받으면 된다. 함수에서 배열을 연산할 때는 문장 7과 같이 포인터의 주소와 데이터 연산을 같이 실행한다. 배열을 처리할 때는 배열의 크기가 필요하므로 문장 2의 int N과 같이 매개 변수로 전달해야 한다.

함수에서 사용하는 포인터가 호출하는 프로그램에서 정의된 배열이므로 문장 8의 포인터 연산을 다음과 같은 배열 연산으로 바꾸어도 된다.

```
pc[i] = pa[i] + pb[i];
```

## 10.4 동적 메모리Dynamic Memory

동적 메모리는 프로그램 실행 중 필요할 때 메모리를 할당하고, 사용이 끝나면 메모리를 해제할 수 있는 효율적인 메모리 사용 방법이다.

변수나 배열을 선언하면 프로그램을 실행할 때 이에 대한 메모리를 할당한 후 프로그램을 실행한다. 사용할 데이터의 크기가 작고 고정되어 있을 때는 메모리를 할당하고 실행하는 것에 문제가 없지만, 사진이나 동영상처럼 데이터가 큰 경우 모든 데이터에 대한 메모리를 할당하고 실행하는 것이 불가능할 수 있다. 동적 메모리를 할당하면 배열의 각 요소에 대한 메모리가 할당되므로 일반 배열을 선언한 것과 같다. 또한 포인터 변수에 대한 메모리 주소를 할당하므로 메모리 주소에 대한 초기화는 필요 없다.

메모리를 할당할 때는 stdlib.h 파일에 포함된 malloc() 함수를 사용해서 메모리를 할당한다. 할당된 메모리를 해제할 때는 free() 함수를 사용한다.

동적 메모리는 포인터 변수를 선언하고 포인터에 메모리를 할당한다. 동적 메모리의 사용이 끝나면 반드시 할당된 메모리를 해제해야 한다. 만약 해제하지 않을 경우 심각한 오류가 발생할 수 있다. 프로그램 실행 중에 일어나는 오류 중 많은 양이 동적 메모리 사용에서 발생한다.

### malloc() 함수 사용 방법

malloc() 함수는 배열의 전체 데이터 바이트의 수를 알고 있어야 한다. 배열의 전체 바이트 수는 일반적으로 자료형의 크기에 배열의 크기를 곱하여 구한다.

```
자료형 *포인터_변수_명;
포인터_변수_명=(자료형 *)malloc(배열의_전체_바이트_수);
※ 배열의_전체_바이트_수=sizeof(자료형)*배열_크기
```

다음은 정수로 500000개를 저장할 수 있는 배열을 malloc() 함수로 선언하는 예이다.

```
int *p;
p = (int *)malloc(sizeof(int)*500000);
```

### 동적 메모리 해제

free() 함수에 해제할 포인터 명을 인수로 사용한다.

```
free(포인터_변수_명);
예를 들면 free(p);
```

**예제 10-5** **배열의 크기를 입력하면 정수 배열을 만들어 배열에 정수 1부터 차례대로 정수를 저장하고 출력하는 프로그램을 작성하라.**

```
#include <stdio.h>
#include <stdlib.h>
void main()
{
      int *a;
      int i, N;
      printf("배열의 크기는 : ");
      scanf("%d",&N);
      a=(int *)malloc(sizeof(int)*N)
      for(i=0;i<N;i++)
          a[i]=i+1;
```

```
12      for(i=0;i<N;i++)
13          printf("a[%d]=%d\n",i,a[i]);
14      free(a);
15  }
```

```
배열의 크기는 : 3
a[0]=1
a[1]=2
a[2]=3
```

프로그램을 실행하면서 원하는 크기의 배열을 만드는 방법은 문장 5와 같이 포인터 변수를 선언하고, 문장 9와 같이 원하는 배열의 크기에 해당하는 메모리 공간을 확보하는 동적 메모리를 사용하면 된다. 동적 메모리를 사용한 메모리 공간은 사용이 종료되면 문장 14와 같이 메모리를 해제한다. 따라서 동적 메모리를 사용하면 메모리가 필요할 때 확보하여 사용하고, 불필요하면 해제할 수 있으므로 시스템의 메모리를 효율적으로 이용할 수 있다.

## chapter_ 10 요약

### 포인터의 선언

변수를 선언할 때 간접 참조 연산자(*)를 변수 앞에 붙인다.

```
자료형 *포인터_변수명;
```

### 포인터 변수의 초기화

포인터에 주소 연산자(&)를 이용하여 변수나 배열의 주소를 대입한다.
배열의 시작번지는 배열명으로 표현할 수 있다.

### 참조에 의한 호출call by reference

함수의 연산 결과를 매개 변수로 전달할 수 있는 방법으로 함수를 호출할 때 매개 변수의 주소로 호출하며, 함수에서 변수로 반환할 때는 포인터로 반환한다.

### 동적 메모리 할당

```
자료형 *포인터_변수명;
포인터_변수명=(자료형 *)malloc(배열의_전체_바이트_수);
※ 배열의_전체_바이트_수=sizeof(자료형)*배열_크기
```

### 동적 메모리 해제

```
free(포인터_변수_명);
```

## chapter_ 10 Q&A

**Q** 배열 a[5]의 메모리 시작 번지를 표현하는 방법은 무엇인가?

a 또는 &a[0]

**Q** 포인터를 선언한 후 초기화하지 않고 데이터를 대입하면 어떻게 되는가?

데이터를 저장할 메모리를 확보하지 않아 데이터를 저장할 수 없어 오류가 일어난다.

**Q** 함수에서 여러 개의 처리 결과 전달하는 방법은 무엇인가?

참조에 의한 호출로 호출하는 프로그램의 메모리를 함수에서 직접 접근하여 처리한다.

**Q** 동적 메모리를 사용하는 장점은 무엇인가?

필요할 때 메모리를 할당하여 사용하고 해제할 수 있으므로 메모리를 효율적으로 사용할 수 있다.

## chapter_ 10 실습예제

1 초등학교 나눗셈 연습 프로그램을 작성하라. 단, 나눗셈 연산의 결과인 몫과 나머지를 돌려받는 함수를 작성하여 main() 함수에서 결과를 판정하라.

> 질문 : 나눗셈 연습 프로그램에서 몫과 나머지로 검사하는 이유는 무엇일까?
> 답 : 실수 입력은 반올림으로 정확한 답을 점검하기 어렵다.

2 원의 반지름을 입력하면 원의 둘레와 면적을 구하는 프로그램을 작성하라. 단, 원의 둘레와 면적은 하나의 함수에서 동시에 구하여 반환한다.

3 직사각형의 두 변의 길이를 입력하면 직사각형 둘레의 길이와 넓이를 구하는 프로그램을 작성하라. 단, 직사각형의 둘레 길이와 넓이는 하나의 함수에서 동시에 구하여 반환한다.

4 정육면체의 한 변의 길이를 입력하면 정육면체의 표면적과 부피를 구하는 프로그램을 작성하라. 단, 정육면체의 표면적과 부피는 하나의 함수에서 동시에 구하여 반환한다.

5 (예제 10-4)를 이용하여 크기가 일정하지 않는 두 벡터의 합을 구하는 프로그램을 작성하라. 단, 벡터의 크기와 벡터 값은 입력으로 처리하라.

6 입력 데이터 수에 무관하게 데이터를 저장하여 합과 평균을 구하는 프로그램을 작성하라. 단, 입력 데이터 저장은 동적 메모리를 사용하여 데이터 수에 맞게 메모리를 배정하고, 합과 평균을 구하는 함수는 (예제 10-2)를 사용하라.

7 10명의 학생의 국어, 영어, 수학 성적을 입력 받아 각 학생의 성적의 총과 평균을 구하고, 각 과목의 총점과 평균을 구하는 프로그램을 작성하라. 단, 합과 평균을 구하는 함수는 (예제 10-2)를 사용하라.

8 일반적으로 성적을 처리할 때 각 반의 학생 수가 다르고, 학년 별로 과목의 수도 다르다. 따라서 학생 수와 과목의 수를 먼저 입력하고, 각 학생에 대한 교과목의 성적을 입력받아 성적을 처리하는 프로그램을 작성하라. 성적 처리 결과는 학생 개인별 성적의 총점과 평균을 구하고, 각 과목의 총점과 평균을 구하는 프로그램을 작성하라. 단, 학생 수에 알맞은 메모리를 배정하고, 총점과 평균을 구하는 함수는 (예제 10-2)를 사용하라.

9 두 벡터 a={1,2,3}, b={10,20,30}의 합을 구하는 함수는 처리 결과가 하나의 벡터이다. 이 벡터를 반환문으로 전달하는 프로그램을 작성하라.

```
1  #include <stdio.h>
2  int *aadd(int *x, int *y, int m)
3  {
4      int i, *rp;
5
6      rp=(int *)malloc(sizeof(int)*m);
7      for( i=0 ; i<m ; i++){
8          rp[i] = x[i] + y[i];
9      }
10     return rp;
11 }
12 void main()
13 {
14     int a[3]={1,2,3}, b[3]={10,20,30};
15     int *ret,  i;
16
17     ret=aadd(a,b,3);
18     for( i=0 ; i<3 ; i++)
19         printf("%d +%d = %d\n",a[i],b[i],ret[i]);
20     free(ret);
21 }
```

```
1 + 10 = 11
2 + 20 = 22
3 + 30 = 33
```

반환되는 값이 데이터가 아니고 메모리 주소이므로 메모리 주소를 저장할 수 있는 포인터 변수로 반환되어야 한다. 그러므로 변수를 정의할 때 반환 데이터가 메모리 주소인 포인터 변수이므로 함수의 반환 자료형도 포인터 형으로 선언되어야 한다. 문장 2에서 함수를 정의할 때 포인터 형의 함수로 선언되어야 하며, 반환 값은 문장10과 같이 배열의 시작 주소를 반환한다. 함수를 호출할 때는 문장 17과 같이 포인터 변수의 메모리 주소로 받아야 함수에서 보낸 주소를 받을 수 있다. 함수에서 할당한 동적 메모리 해제는 함수에서 return 문 앞에서 실행하면 처리 결과의 메모리가 해제되므로 정확한 결과를 전달할 수 없다. 따라서 동적 메모리를 전달받은 함수에서 사용이 종료되면 문장 20와 같이 해제한다.

**10** 두 변수의 데이터 값을 서로 교환하는 swap 함수 프로그램을 작성하라.

a값은 b로, b값은 a로 교환하는 프로그램은 2개의 데이터를 주고받는다. 따라서 값에 의한 호출 형태는 사용할 수 없다. 따라서 주소에 의한 호출을 사용하여야 한다.

```
1  #include <stdio.h>
2  void swap(int *pa, int *pb)
3  {
4          int tmp;
5
6          tmp = *pa;
7          *pa = *pb;
8          *pb = tmp;
9  }
10  void main()
11  {
12          int a, b;
13
14          a=1;
15          b=2;
16          printf("Before: a=%d b=%d\n", a, b);
17
18          swap(&a, &b);
19          printf("After : a=%d b=%d\n", a, b);
20  }
```

```
Before: a=1 b=2
After : a=2 b=1
```

문장 18과 같이 swap() 함수를 호출할 때 변수 a, b의 메모리 주소를 전달하였으므로 swap 함수의 포인터 변수 *pa, *pb는 a, b와 동일한 메모리 주소를 갖는다. swap() 함수에서 *pa, *pb의 값을 서로 교환하면 a, b로 정의된 메모리 주소의 데이터 값이 서로 교환된다. 따라서 main() 함수의 a, b 값이 서로 교환된다.

질문 : 만약 swap 함수를 값에 의한 호출(call by value) 방식으로 작성하여 호출할 때 주소 대신 값을 전달하고, swap 함수에서 받을 때도 포인터 변수 대신 데이터를 받는 변수로 받으면 어떻게 될까?

답 : swap 함수 안에서는 데이터가 서로 바뀌지만 main 함수에서는 값이 바뀌지 않는다. 이것은 swap 함수에서 선언된 변수의 메모리 주소와 main 함수에서 사용하는 변수의 메모리 주소가 다르기 때문이다

## chapter_ 10 복습문제

**1** int a=5; int *p; 인 경우 변수 a로 p를 초기화하는 코드는 무엇인가?

**2** 포인터를 선언한 경우, 포인터를 사용하려면 반드시 ________________ 해야 한다.

**3** 함수에서 처리한 여러 개의 결과를 호출한 함수로 전달하는 방법은 무엇인가?

**4** 포인터의 주소 연산에서 ++, --, += 등의 연산이 가능하다. **[ 참 / 거짓 ]**

**5** short int 포인터의 경우 포인터를 증가하면 메모리는 2바이트 증가한다. **[ 참 / 거짓 ]**

**6** 함수의 포인터는 선언할 수 없다. **[ 참 / 거짓 ]**

**7** 포인터의 특징으로 틀린 것은 무엇인가?

① 포인터는 간접 주소 방식에 해당한다.

② 포인터는 일반 변수 선언과 비교할 때 변수 명 앞에 *를 붙인다.

③ 동적 메모리를 할당하려면 포인터로 선언해야 한다.

④ 포인터는 연산을 할 수 없다.

**8** 동적 메모리 할당에 대한 설명 중 틀린 것은 무엇인가?

① 동적 메모리를 할당하면 힙 영역에 저장된다.

② 동적 메모리는 자동으로 해제된다.

③ 동적 메모리는 malloc() 함수를 이용하여 할당한다.

④ 동적 메모리는 실행시간에 메모리를 할당하고 해제한다.

**9** 배열과 포인터에 대한 설명으로 틀린 것은 무엇인가?

① 1차원 배열은 포인터와 유사하다.

② 포인터의 주소 연산은 자료형에 따라 변하는 크기가 다르다.

③ int a; int *p; p=&a;인 경우 a의 주소 값이 p 포인터의 내용이 된다.

④ 포인터로 연산을 할 때 한 바이트씩 증가한다.

**10** double 메모리 포인터를 활용하여 동적 메모리 100개를 선언하라.

**해답**

1. p = &a; 2. 초기화 3. 참조에 의한 호출 4. 참 5. 참 6. 거짓 7. ④ 8. ②
9. ④ 10. double *p = (double *)malloc(100*sizeof(double));

CHAPTER 11

# 문자열

문자열은 숫자와 달리 데이터의 크기가 일정하지 않다. 따라서 문자열은 문자열의 종료를 구분하는 기호가 필요하며, 이 종료기호를 기준으로 문자열의 단위를 구분한다. 사람의 이름과 같이 문자열로 데이터를 비교하려고 하면 숫자와 다른 처리가 필요하다. C언어는 문자열을 처리하는 함수들을 표준 함수로 제공하고 있어 프로그래머가 직접 함수를 만들지 않아도 편리하게 이용할 수 있다.

본 장에서는 문자열을 처리하는 방법과 함수들에 대하여 공부한다.

**학습목표**

- 문자열의 특성을 이해하고 정확히 사용할 수 있다.
- 문자열을 데이터로 입출력할 수 있다.
- 문자열을 비교할 수 있다.
- 문자열과 숫자를 서로 바꿀 수 있다.
- 문자의 대소문자를 서로 바꿀 수 있다.

## 11.1 문자열

### 1 문자와 문자열

문자는 바이트 단위로 문자표를 구성하는 ASCII[American Standard Code for Information Interchange]코드 데이터이다. ASCII 코드는 1 바이트로 128개의 문자를 표현한다. 1 바이트의 정보는 ASCII 코드의 문자와 256(−128~127) 개의 정수를 표현할 수 있다. 그러므로 1 바이트 char 형 데이터는 문자와 정수에 모두 사용할 수 있다.

문자열은 문자의 집합인 단어나 문장을 의미한다. 문자열을 저장하기 위해서는 문자 배열을 사용한다. 일반적으로 숫자는 숫자의 크기에 무관하게 short 형은 2 바이트, int 형은 4 바이트, double 형은 8 바이트와 같이 자료형에 따라서 고정된 바이트 크기를 갖는다. 그러나 문자열의 크기는 단어나 문장을 구성하는 문자의 총 수이다. 문자열의 크기는 단어나 문자에 따라 일정하지 않다. 따라서 문자열은 저장할 문자의 최대 수를 가정하여 char 형 배열의 크기를 결정하여 저장한다.

문자열 데이터를 처리할 때는 배열 단위로 처리하는 것이 아니라 실제 문자가 저장된 문자열의 문자 수를 단위로 처리한다. 그러므로 문자열의 끝을 알고 있어야 정확한 데이터의 처리가 가능하다. 따라서 문자열을 저장할 때는 문자열의 마지막을 의미하는 부호인 NULL('\0')을 추가하도록 정의하였다. C언어에서 한 문자열의 끝은 항상 NULL로 인식한다. char 형 문자 배열을 선언할 때는 마지막 바이트에 NULL을 저장하기 위하여 최소한 문자 수보다 한 바이트 큰 배열을 선언하여야 한다.

### 2 문자 및 문자열 직접 값

한 문자를 변수에 대입하는 방법은 작은따옴표(' ') 안에 넣고, 문자열을 배열에 대입하는 방법은 큰따옴표(" ") 안에 작성하여 넣으면 된다. 문자열 직접 값으로 문자열을 대입하면 마지막 바이트에 NULL이 추가된다.

```
char 변수명 = '문자';
char 배열명[배열크기] = "문자열";
```

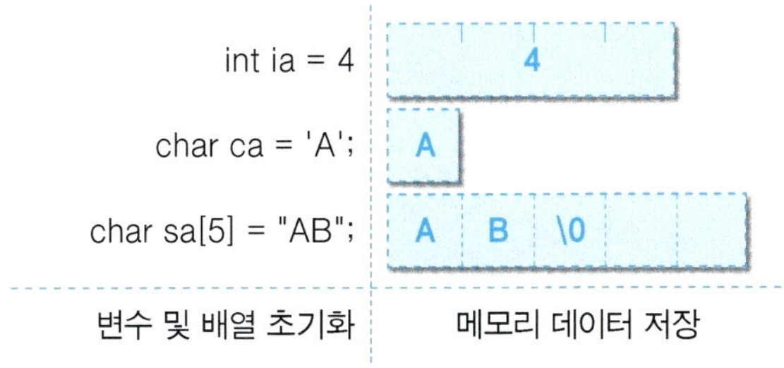


메모리의 데이터 저장 형식

위의 그림과 같이 저장된 데이터의 바이트 수를 단순히 변수나 배열의 전체 바이트 수를 나타내는 sizeof()함수로 구하면, sizeof(ia)는 4 바이트, sizeof(ca)는 1 바이트, sizeof(sa)는 5 바이트로 구성된 데이터라는 것을 나타낸다. 컴퓨터에서 데이터를 처리할 때, 숫자는 고정된 바이트 단위로 처리하지만 문자열은 문자열 단위로 처리한다. C언어에서 문자열을 처리할 때는 배열의 시작 번지에서 배열의 크기만큼이 아닌, 배열의 시작 번지에서 NULL이 저장된 바이트까지 읽어온다. 따라서 문자열을 저장할 때 NULL을 마지막에 저장하지 않으면 실행오류를 발생한다.

**예제 11-1** 위의 그림과 같은 데이터를 저장하고 출력하는 프로그램을 작성하라.

```
#include <stdio.h>
void main()
{
    int ia=4;
    char ca='A', sa[5]="AB";

    printf(" ia 정수   = %d byte = %d \n", ia, sizeof(ia));
    printf(" ca 문자   = %c byte = %d \n", ca, sizeof(ca));
    printf(" sa 문자열 = %s byte = %d \n", sa, sizeof(sa));
}
```

```
ia 정수   = 4 byte = 4
ca 문자   = A byte = 1
sa 문자열 = AB byte = 5
```

정수는 4 바이트로 저장된 2진수를 10진수로 변환하여 출력하고, 문자열 sa는 5 바이트에 저장된 문자열을 문자열 형식으로 출력할 때 NULL 이전까지의 문자만 출력하므로 AB 2 문자만 출력한다.

## 3 문자열 초기화

### 문자형 배열에 문자열 직접 값 대입

배열의 크기가 문자열보다 최소한 하나 커서 NULL 값을 저장할 수 있어야 한다.

```
char name[80] = "HongGilDong";
```

### 문자형 배열에 한 문자씩 열 대입

마지막 문자 다음에 반드시 NULL 값을 대입해야 한다.

```
char name[80] = {'H','o','n','g','G','i','l','D','o','n','g','\0'};
```

### 문자형 포인터 변수에 문자열을 대입 : 문자형 상수

포인터 변수를 초기화하지 않고 직접 데이터를 대입하면 데이터를 저장할 메모리를 확보하지 않았으므로 오류가 발생한다. 문자열을 문자열 상수로 선언하는 경우, 문자형 포인터를 선언하면서 문자열을 초기화하는 것이 가능하다. 문자형 상수이므로 데이터를 변경할 수 없다.

```
char *name = "HongGilDong";
```

**예제 11-2** 문자열을 초기화하고 변경하는 예제 프로그램을 작성하라.

```
1  #include <stdio.h>
2  void main()
3  {
4      char A[11]={'h','o','n','g','G','i','l','D',
                   'o','n','g'};
5      char B[12]="hongGilDong";
6      char *pA="hongGilDong";
7
8      A[0]='H';
9      B[0]='H';
10      // *pA='H';      // 실행 오류
11
12      printf("A[11] = %s\n",A);
13      printf("B[12] = %s\n",B);
14      printf("pA = %s\n",pA);
15  }
```

```
A[11] = HongGilDong|
B[12] = HongGilDong
pA = hongGilDong
```

문장 4의 문자 배열 A[11]에 한 문자씩 11자를 대입하면서 문자열 종료인 NULL 문자를 입력하지 않았으므로 문장 12의 문자열의 출력을 보면 11문자만 출력하는 것이 아니라 메모리의 다음 NULL 문자가 나올 때까지 출력한다. 그러므로 문자열을 한 문자씩 대입할 때는 반드시 마지막에 NULL 문자를 추가해야 한다. 오류의 형태는 컴파일러나 프로그램의 실행 상태에 따라 변한다. 문장 6과 같이 문자형 포인터를 선언할 때 문자열을 대입하면 문자열 상수가 된다. 이때 문장 10과 같이 프로그램 중에 문자를 변경하면 실행 오류가 일어난다.

**예제 11-3** 문자열의 길이를 세는 프로그램을 작성하라.

```
1  #include <stdio.h>
2  int stringlen(char a[])
3  {      int i;
4
5         for(i=0;i<30;i++)
6             if(a[i]== '\0') break;
7         return i;
8  }
9  void main()
10  {
11        char Name[30]="Hong GilDong";
12
13        printf("sizeof(Name)=%d\n",sizeof(Name));
14        printf("stringlen(Name)=%d\n",stringlen(Name));
15  }
```

```
sizeof(Name)=30
stringlen(Name)=12
```

문장 11과 같이 배열 크기 3에 빈칸을 포함한 13문자를 저장하고 문자의 길이를 구할 때, 문장 5와 같이 3자에 대한 반복문을 수행하면서 문장 6과 같이 제어문을 이용해서 문자열에서 NULL 문자가 나올 때까지 수를 세어야 한다. 문자열 길이를 세는 함수는 11.3절에서 배울 표준 함수에 정의되어 있다.

## 11.2 문자 및 문자열 입출력 함수

표준 라이브러리 함수 stdio.h 파일에 포함된 문자 및 문자열을 입출력하는 함수는 다음과 같다.

### 1 getchar() 함수

한 문자를 입력 장치인 키보드로부터 읽어오는 함수이다.

```
char yn;
yn=getchar();
```

## 2 putchar() 함수

한 문자를 출력 장치인 모니터로 출력하는 함수이다.

```
chat yn='y';
putchar(yn);
```

## 3 gets() 함수

문자열을 키보드에서 입력받는 함수이다.

```
char str[80];
gets(str);
```

scanf() 함수로 문자열을 입력받을 때는 단어를 기준으로 문자열 사이에 공백이 있으면 공백 다음 단어는 읽지 못하지만, gets() 함수는 문자열의 입력의 끝을 나타내는 엔터키 입력까지 모두 읽어 공백 문자가 포함된 문자열을 읽을 수 있다.

## 4 puts() 함수

문자열을 모니터로 출력하는 함수이다.

```
char str[80]="Hong GilDong";
puts(str);
```

## 5 flushall()

현재 개방된 입출력 스트림에 할당되어 있는 버퍼를 지우는 함수로, 입력 시에는 버퍼에 저장된 모든 내용을 지우고 새로운 입력을 받을 수 있게 되며, 출력 시에는 버퍼에 있는 데이터들이 스트림에서 완전히 출력된다.

```
flushall();
```

예를 들면 getchar() 함수로 한 문자를 입력할 때 한 문자는 입력되지만 엔터키는 버퍼에 남아있다. 이 엔터키가 다음 입력 함수를 실행할 때 입력되어 프로그램의 실행 오류를 일으킬 수 있다. 이러한 오류를 방지하려면 입력 함수를 실행하기 전에 입력버퍼에 저장된 내용을 삭제하고 실행해야 한다.

**예제 11-4** **문자 및 문자열 입출력 함수를 이용한 입출력 프로그램을 작성하라.**

```
#include <stdio.h>
void main()
{
        char str[80], L_name[30],F_name[30];
        char yn;

        printf("Yes(y) or No(n) select : ");
        yn=getchar();
        printf("Your choice is ");
        putchar(yn);
        printf("\n");
        flushall(); // 입력버퍼에 들어있는 불필요한 엔터키 삭제

        printf("Your Name : ");
        gets(str);
        printf("Your name is ");
        puts(str);
        printf("Your Name (Last First): ");
        scanf("%s %s",L_Name,F_name);
        printf("Your name is %s %s\n",L_name,F_name);
  }
```

```
Yes(y) or No(n) select : y↵
Your choice is y
Your Name : Hong GilDong↵
Your name is Hong GilDong
Your Name(Last First) : Hong GilDong↵
Your name is Hong GilDong
```

문장 8의 한 문자 입력은 문자를 입력하고 엔터키가 입력되어야 실행된다. 이때 변수 yn에 입력되는 것은 한 문자만 입력되고 엔터키는 입력버퍼에 남아 있다. 입력버퍼를 지우지 않고 다음 입력 명령을 받아들이면 엔터키가 바로 입력되어 오류가 발생할 수 있다. 따라서 문장 12와 같이 flushall()로 입력버퍼를 지워주어야 한다. 문장 15와 같이 gets() 함수는 성과 이름을 입력할 때 빈칸도 입력으로 받아들일 수 있지만 scanf() 함수는 한 문자열을 입력받을 때는 빈칸까지만 입력할 수 있으므로 문장 19와 같이 단어 단위로 분리해야 한다.

## 11.3 문자열 처리 함수

문자열은 숫자와 같은 연산자를 가지고 처리하는 것이 매우 어렵다. 따라서 C언어에서는 문자열을 간편하게 처리할 수 있는 함수를 string.h 파일에서 정의하여 사용하고 있다.

### 1 문자열 처리 함수

#### strlen() 함수

문자열의 길이를 반환하는 함수이다.

```
char name[30]="Hong GilDong";
int length;
length=strlen(name);      // length에 12가 저장된다.
```

#### strcat() 함수

두 번째 문자열을 앞 문자열에 합쳐주는 함수이다.

```
char str1[]="My ";
char str2[]="home";
strcat(str1, str2);          // str1에 My home이 저장된다.
```

### strcpy() 함수

문자열을 복사하는 함수로 두 번째 문자열을 첫 번째 문자열로 복사한다.

```
char str1[]="My ";
char str2[]="home";
strcpy(str1, str2);      // str1에 home이 저장된다.
```

### strcmp() 함수

두 문자열을 비교하여 같으면 0을 출력하는 함수이다.

```
char str1[]="My ";
char str2[]="home";
int a,b;
a=strcmp(str1, str2);   // a는 str1과 str2문자열이 다르므로 -1이 출력
b=strcmp(str1, str1);   // b는 str1과 str1은 같은 문자열이므로 0이 출력
```

**예제 11-5** 성과 이름을 입력받아 성명의 문자 수를 구하고, 그 이름이 HongGilDong과 같은지 비교하는 프로그램을 작성하라.

```
#include <stdio.h>
void main()
{
        char F_name[30],L_name[20],Name[50];
        char rName[50]="HongGilDong";
        int len,cmp;

        printf("Last Name ? ");
        scanf("%s",L_name);
        printf("First Name ? ");
        scanf("%s",F_name);
        strcpy(Name,L_name);
        strcat(Name,F_name);
        len=strlen(Name);
        printf("Name Length = %d \n",len);
        cmp=strcmp(rName,Name);
```

```
17      if(cmp == 0)
18          printf(" (Good) Name is %s\n",rName);
19      else
20          printf(" (Fail) Name is not %s\n",rName);
21  }
```

```
Last Name ? Hong ↵
First Name ? Gildong ↵
Name Length = 11
 (Fail) Name is not HongGilDong
Last Name ? Hong ↵
First Name ? GilDong ↵
Name Length = 11
 (Good) Name is HongGilDong
```

20자의 성과 30자의 이름을 입력받아 최대 50자의 성명으로 합성하는 방법은 먼저 문장 12와 같이 strcpy() 함수로 Name에 성을 복사하고, 문장 13과 같이 strcat() 함수로 Name에 이름을 합쳐서 성명을 하나의 배열로 완성한다. 성명의 문자 수는 문장 14와 같이 strlen() 함수로 구할 수 있으며, 이름이 기준 이름 rName와 같은지 비교는 문장 16과 같이 strcmp() 함수를 이용하여 두 문자열이 같으면 결과가 0이므로 문장 17의 제어문을 이용하여 같은지 다른지 판단한다. 문자열 비교는 대소문자를 정확히 입력해야 하는 문제점이 있다.

## 2 문자열과 숫자 간의 변환 함수

stdlib.h 파일에 포함된 함수들로 문자열에 포함된 첫 번째 숫자를 나타내는 문자열을 숫자로 변환하거나, 숫자를 문자열로 변환하는 함수를 정의하고 있다.

### atoi() 함수

문자열의 처음에 정수형으로 포함된 수를 정수로 변환하는 함수이다.

```
char str[60]="  1234 point";
int point;
point=atoi(point); // point=1234
```

### atof() 함수

문자열의 처음에 실수형으로 포함된 수를 실수로 변환하는 함수이다.

```
char str[60]=" 25.254 point";
double point;
point=atof(point);// point=25.254
```

### _itoa() 함수

정수를 문자열로 변환하는 함수이다.

```
char buff[20];
int ia=1234;
_itoa(ia,buff,10); // buff="1234" 10진수 형태로 문자열로 변환
_itoa(ia,buff,16); // buff="4d2" 16진수 형태로 문자열로 변환
_itoa(ia,buff,2); // buff="10011010010" 2진수 형태로 문자열로 변환
```

## 3 문자 처리 함수

ctype.h에는 문자의 처리와 관련된 함수들을 정의하고 있다. 문자가 알파벳인지 숫자인지 대문자인지 소문자인지 등을 처리할 수 있다.

### tolower() 함수

입력 문자를 소문자로 변환하는 함수이다.

```
char ch='A';
char tch;
tch=tolower(ch); // tch='a' 소문자로 변환
```

### toupper() 함수

입력 문자를 대문자로 변환하는 함수이다.

```
char ch='a';
char tch;
tch=toupper(ch);  // tch='A' 대문자로 변환
```

### islower() 함수

입력 문자가 소문자이면 0이 아닌 값을 반환하는 함수이다.

```
char ch='a';
islower(ch);     // ch는 소문자이므로 결과는 0이 아닌 값인 참이 된다.
```

**예제 11-6** ▶ **이름을 입력하면 모든 영문자를 대문자로 변환하는 프로그램을 작성하라.**

```
#include <stdio.h>
#include<ctype.h>
void main()
{
        char name[30];
        int i;

        printf("Name is : ");
        gets(name);
        i=0;
        while( name[i] != '\0'){
             if( islower(name[i]) )
                    name[i] = toupper(name[i]);
             i++;
        }
        printf("Upper Character name is %s \n",name);
}
```

---

```
Name is : Hong Gildong ↵
Upper Character name is HONG GILDONG
```

소문자를 대문자로 변환하는 반복문은 문장 17과 같이 while 문을 사용하였다. i번째 문자가 소문자인지 검사는 문장 12와 같이 islower() 함수를 사용하여 반환 값이 0이 아니면 소문자이므로 제어문은 참이 되어 문장 14와 같이 toupper() 함수로 대문자로 변환한다.

## chapter_ 11 요약

### 문자열 사용의 주의사항

문자열의 끝에 NULL(\0)이 추가 된다.

문자 배열은 문자 수 보다 하나가 더 큰 배열을 선언해야 한다.

문자열을 포인터 선언할 때 초기화하면 문자열 상수가 된다.

### 문자열 입출력 함수

getchar(), putchar(), gets(), puts()

gets() 함수 : 빈칸이 포함된 문자열을 입력할 때 사용

### 문자열 처리 함수(string.h)

문자열의 길이, 복사, 연결, 비교 등의 문자열 처리함수

strlen(), strcat(), strcpy(), strcmp() 등

### 문자열과 숫자 간 변환함수(stdlib.h)

문자열의 처음에 포함된 숫자 표현의 숫자 변환과 숫자의 문자열 변환 함수

atoi(), atol(), atof(), _itoa()

### 문자 처리함수(ctype.h)

대소문자 변환, 영문자 검출 등과 같이 한 문자 단위의 처리 함수

tolower(), toupper(), islower() 등

## chapter_ 11 Q&A

**Q** 문자열의 끝에 \0를 추가해야하는 이유는 무엇인가?

숫자 데이터와 달리 문자열은 크기가 규정되어 있지 않아 문자열의 끝이 없으면 문자열의 끝을 알 수가 없다.

**Q** 문자열에서 단어 수를 구할 때 이용할 수 있는 요소는 무엇인가?

문자열의 시작부터 끝(NULL)까지 문자를 비교하여 빈칸을 검출하여 빈칸 단위로 단어 수를 구한다.

**Q** 정수를 문서의 문자열로 변환하려면 어떻게 해야 하는가?

정수를 문자열로 변환하는 itoa() 함수를 이용한다.

**Q** 문자의 대소문자 변환, 영문자 검출 등과 같이 문자를 처리하는 표준함수가 포함된 헤드파일은 무엇인가?

ctype.h

## chapter_ 11 실습예제

**1** 이름 데이터베이스에서 같은 이름 찾기 프로그램을 작성하라. 이름 데이터베이스는 배열로 처리하고, 데이터베이스에 저장된 이름은 다음과 같다.

홍길동, 이도령, 성춘향, 임꺽정, 김이박, 향단 : 6명

```
#include <stdio.h>
#include <string.h>
void main()
{
    int i,check=0;
    char db[6][30]={"홍길동","이도령","성춘향","임꺽정",
                    "김이박","향단"};
    char name[30];

    printf("찾을 사람 이름을 입력하시오. : ");
```

```
10      scanf("%s",name);
11
12      for(i=0;i<6;i++){
13          if( strcmp(name,db[i]) == 0 ){
14              printf("%s는 데이터베이스에 있는 이름입니다.
                        \n",name);
15              check=1;
16              break;
17          }
18      }
19
20      if(check==0)
21          printf("%s는 데이터베이스에 없는 이름입니다.\n",name);
22  }
```

```
찾을 사람 이름을 입력하시오. : 홍길동 ↵
홍길동는 데이터베이스에 있는 이름입니다.

찾을 사람 이름을 입력하시오. : 김선비 ↵
김선비는 데이터베이스에 없는 이름입니다.
```

여러 사람의 이름을 하나의 배열로 저장할 때는 문장 6과 같이 2차원 배열을 사용해야 한다. 문장 6은 최대 29자의 이름을 여섯 명까지 저장할 수 있는 2차원 배열이다. 찾을 사람이 있는지 검색하기 위해서는 여섯 명 모두를 검색해야 하므로 문장 12의 반복문을 사용하였다. 동일한 이름이 있는지 검사는 문장 13의 strcmp() 함수를 사용하여 같은 이름이면 0이 출력되므로 동일한 이름이 있음을 출력하고, 문장 16의 break 문으로 반복문 수행을 종료한다. 만약 검색 데이터베이스에 존재하지 않은 경우를 나타내기 위하여 check 변수를 이용하여 동일한 이름이 있을 때는 check를 1로 변환하므로 프로그램 종료 전에 check가 0이면 데이터베이스에 존재하지 않는 이름임을 알려준다.

**2** 한 줄로 문장을 입력했을 때 문장 속에 표현된 단어 수를 계산하여 출력하는 프로그램을 작성하라.

```
1  #include <stdio.h>
2  int wordcount(char *str)
3  {
4          int count=1;
5
6          while(*str != '\0'){
7              if(*str++ == ' ')  count++;
8          }
9          return count;
10 }
11 void main()
12 {
13         char str[80];
14         int word_no;
15
16         printf("Enter Sentance \n");
17         gets(str);
18
19         word_no=wordcount(str);
20         printf("Word Number is %d\n",word_no);
21 }
```

```
Enter Sentence
This course is the name of the programming language.?
Word Number is 9
Enter Sentence
```

```
독도는 대한민국 땅입니다. ↵
Word Number is 3
```

문장을 입력할 때 띄어쓰기를 사용하므로 문장 17과 같이 gets() 함수로 입력한다. 단어 수를 셀 때는 문자열 종료까지 포함된 빈칸의 수와 같으므로 문장 6과 같이 문자열 끝까지 반복하면서 문장 7과 같이 문자가 빈칸(' ')이면 단어 수를 1씩 증가시켜 단어 수를 계산한다.

3 문자열 "Seoul Junggu Myeongdong"을 각각의 단어에서 시작하여 문자열 끝까지 출력하는 프로그램을 작성하라.

> 출력 형태
> Seoul Junggu Myeongdong
> Junggu Myeongdong
> Myeongdong

4 입력한 문자열을 역순으로 출력하는 프로그램을 작성하라.

> 입력 : Hong Gildong
> 출력 : gnodliG gnoH

5 입력한 문자열을 역순으로 모두 소문자로 출력하는 프로그램을 작성하라.

> 입력 : Honggildong
> 출력 : gnodliggngh

6 나이와 이름을 하나의 문자열로 입력할 때 나이와 이름을 구분하고 이름은 대문자로 저장하는 프로그램을 작성하라.

> 입력 : 18 HongGildong
> 출력 : Age : 18
> Name : HONGGILDONG

7 체중과 이름을 하나의 문자열로 입력할 때 체중과 이름을 구분하고 이름은 소문자로 저장하는 프로그램을 작성하라.

> 입력 : 58.25 HongGildong
> 출력 : Weight : 58.25
> Name : honggildong

**8** 암호를 저장할 때는 비밀코드로 변경하여 저장한다. 숫자로 된 암호를 영문자로 변경하여 저장하는 프로그램을 작성하라.

```
비밀코드 암호화 구조
0=>ab , 1=>cde, 2=>fg, 3=>hij, 4=>kl,
5=>mno, 6=>pq, 7=>rst, 8=>uv, 9=>wxy
비밀번호입력 : 1234
비밀번호저장 : cdefghijkl
```

## chapter_ 11 복습문제

**1** 문자열의 끝은 어떤 부호로 구분하는가?

**2** 띄어쓰기를 포함한 한 줄의 문장을 키보드에서 읽는 함수는 무엇인가?

**3** 문자열의 길이를 계산하는 함수이름은 무엇인가?

**4** 문자열은 문자배열과 달리 끝에 NULL이 포함된 경우를 말한다. [ **참** / **거짓** ]

**5** 문자열의 길이는 sizeof()가 반환하고 strlen()는 차지하는 메모리 바이트 크기를 반환한다. [ **참** / **거짓** ]

**6** 문자열 char name[]="Shim";을 char me[20];에 복사하려면 대입 연산자로 me = name; 으로 한다. [ **참** / **거짓** ]

**7** 다음 중 문자열 처리와 관련이 없는 함수는 무엇인가?

① strcpy() ② strcat() ③ strlen() ④ memcpy()

8 다음 중 문자처리 함수로 소문자를 대문자로 변환하는 함수는 무엇인가?

① toupper() ② islower() ③ atoi() ④ isupper()

9 다음 중 문자열 사용 시 주의사항으로 부적합한 것은 무엇인가?

① 문자열의 끝 표시는 NULL(\0)이다.

② 문자열의 끝에는 자동으로 NULL이 추가되므로 사용자가 고려하지 않아도 된다.

③ 공백이 포함된 문장을 입력하려면 gets() 함수를 이용한다.

④ 정수를 문자열로 변환하는 함수는 itoa() 함수이다.

10 두 문자열을 비교하는 함수는 무엇인가?

**해답**

1. \0 또는 NULL 2. gets(); 3. strlen(); 4. 참 5. 거짓 6. 거짓 7. ④ 8. ① 9. ② 10. strcmp()

C | H | A | P | T | E | R **12**

# 구조체

개인 정보나 성적표 등 대부분의 데이터들은 여러 자료형이 복합적으로 존재한다. C언어는 이러한 데이터의 특성을 고려하여 여러 개의 자료형을 결합하여 새로운 자료형으로 정의할 수 있는 구조체를 가지고 있다. 구조체를 이용하면 사람의 나이와 이름을 하나의 변수로 접근할 수 있다.

한편 구조체와 같이 여러 자료형을 결합한 자료형이지만 구조체와 달리 메모리를 공유하는 공용체도 있다. 공용체를 이용하면 데이터를 원하는 단위로 쉽게 분리할 수 있다.

**학습목표**

- 구조체로 자료형을 정의한다.
- 구조체를 정의하고, 구조체 멤버를 이용한다.
- typedef를 이용하여 자료형의 이름을 변경한다.
- 공용체를 정의하고 이해한다.

## 12.1 구조체structure

### 1 구조체 소개

개인에 대한 기본 정보는 정수형인 나이와 문자열인 이름 등으로 구성된다. 동일한 형의 변수로 나이와 이름을 처리할 수 없으므로 나이와 이름을 다른 형의 변수로 선언하여 사용한다. 이 경우 서로 다른 변수를 사용하여 작성해야 하는 불편함이 있다.

이러한 문제를 해결하기 위하여 C언어는 여러 종류의 데이터를 구조체 멤버로 결합하여 자료형을 정의할 수 있는 구조체가 있다.

구조체는 먼저 구조체를 정의하고, 구조체 변수를 선언한 후, 구조체 변수의 각 멤버에 접근하여 데이터를 처리한다.

**예제 12-1** 사람의 나이와 이름을 구조체로 선언하여 사용하는 프로그램을 작성하라.

```
#include <stdio.h>
struct user{                              // 구조체 형 정의
    int age;
    char name[20];
};
void main()
{
     struct user me={18,"Gildong"}; // 구조체 변수 선언 및 초기화

     printf(" age = %d \n", me.age);
     printf(" name= %s \n", me.name);
 }
```

```
age = 18
name= Gildong
```

나이와 이름으로 구성된 구조체를 문장 2~5와 같이 정의하고, main() 함수의 문장 8에서 구조체 변수 me를 선언하고 초기화하면 문장 10, 11과 같이 동일한 me 변수에서 age와 name이란 변수로 구분한다.
변수로 나이와 이름을 구분하면 한 사람에 대한 정보를 다른 변수로 처리하므로 정보가 많아지면 처리하기가 어렵다. 그러나 구조체를 사용하면 하나의 변수에서 멤버만 다르게 구별하기 때문에 변수를 사용하는 것보다 편리하다. C언어 이후에 개발된 객체 지향형 언어의 클래스는 구조체를 개선한 것이다.

## 2 구조체 정의

구조체 정의는 전역 변수와 같이 함수 밖에서 다음과 같이 정의한다.

```
struct 구조체명{
  자료형 구조체_멤버1;
  자료형 구조체_멤버2;
    :
}구조체_변수 명;
```

### struct

C언어의 예약어로 구조체를 정의할 때나 구조체 변수를 선언할 때 사용한다.

### 구조체 명

새로 정의한 자료형이며, 구조체 명은 변수의 이름과 같은 규칙으로 만든다.

### 구조체 멤버

구조체에서 사용할 데이터들로 변수나 배열을 선언하는 것이다. 멤버의 자료형은 C언어에서 사용할 수 있는 모든 자료형이다.

### 구조체 변수 명

구조체를 정의하면서 구조체 변수 명으로 구조체 전역 변수를 선언한 것이다. 만약 전역 변수를 선언하지 않을 때는 구조체 변수 명은 생략할 수 있으며, 이때는 중괄호(}) 다음에 반드시 종료 기호 ';'를 붙여야 한다.

| 구조체 변수 me를 선언 | 구조체만 정의 |
|---|---|
| struct user{<br>int age;<br>char name[20];<br>}me; | struct user{<br>int age;<br>char name[20];<br>}; |

이름과 나이를 구조체로 정의한 예

## 3 구조체 변수 선언

함수에서 구조체를 사용하기 위해서는 구조체 변수를 선언해야 메모리가 할당되어 사용할 수 있다.

```
struct 구조체명 구조체_변수명;
```

## 4 구조체 멤버의 처리

구조체 변수 이름 다음에 점(.)을 찍고 구조체 멤버 이름을 쓰면 구조체 멤버에 접근할 수 있다. 점(.) 연산자는 구조체의 멤버를 나타내는 연산자이다.

```
구조체_변수명.구조체_멤버
```

구조체 변수 me의 age 멤버에 19를 대입한다.

```
me.age=19;
```

문자형 배열인 name 멤버에 "Gildong"을 대입한다.

```
strcpy(me.name,"Gildong");
```

문자열을 문자열 배열에 대입하는 방법은 문자열을 복사하는 함수를 사용한다.

## 5 구조체 멤버의 초기화

### 구조체를 정의할 때 초기화

배열의 초기화와 같이 중괄호{ } 속에 각 멤버 변수의 초기 값을 지정하여 구조체 전역 변수에 대입한다. 주의할 점은 멤버 변수의 순서에 맞추어 초기 값을 지정해야 한다. 앞의 예를 초기값으로 지정하면 다음과 같다.

```
struct user{
      int age;
      char name[20];
}me={18, "Gildong"};
```

### 구조체 변수를 선언할 때 초기화

구조체 변수를 선언하고 배열을 초기화하는 것 같이 중괄호 속에 멤버 순서에 맞추어 초기 값을 지정한다.

```
struct user{
      int age;
      char name[20];
};
struct user me = {18, "Gildong"};
```

## 6 구조체의 메모리 할당 구조

구조체 멤버를 정의한 순서에 따라 연속적으로 메모리를 할당하며, 구조체의 크기는 구조체 멤버에서 정의한 모든 메모리의 크기이다. 예를 들어 구조체 user의 예를 보면 구조체 크기는 age가 4 바이트, name이 20 바이트 합쳐서 24 바이트이고, 메모리 주소는 다음의 예제에서 확인할 수 있다.

**예제 12-2** **나이와 이름을 구조체로 정의하고 메모리 주소를 확인하는 프로그램 : 나이 18, 이름 "Gildong"을 대입하고, 구조체 변수의 메모리 크기, 나이와 이름의 시작 주소와 저장된 데이터를 출력하라.**

```
1   #include <stdio.h>
2   #include <string.h>
3   struct user{                         // 구조체 형 정의
4      int age;
5      char name[20];
6   };
7   void main()
8   {
9      struct user me;                   // 구조체 변수 선언
10     me.age=18;                         // age 멤버에 데이터 대입
11     strcpy(me.name,"Gildong");        // name 멤버에 문자열 복사
12     printf("sizeof(me)=%d\n",sizeof(me));
13     printf("&me.age = %#x\t age = %d \n",&me.age,me.age);
14     printf("&me.name=%#x\t name= %s \n",&me.name,me.name);
15  }
```

```
sizeof(me)=24
&me.age = 0x12ff48      age = 18
&me.name= 0x12ff4c      name= Gildong
```

문장 3과 같이 구조체를 정의하고, 문장 9와 같이 구조체 변수를 선언하고, 문장 12와 같이 구조체 변수의 메모리 크기를 출력하면, 정수형 4 바이트와 문자형 배열 20 바이트의 합인 24가 출력된다. 문장 13, 14와 같이 메모리 주소를 확인하면 멤버가 순차적으로 메모리에 배정된 것을 알 수 있다.

## 7 구조체 배열

구조체도 자료형의 하나이므로 배열을 선언하여 사용할 수 있다.

### 구조체 배열의 선언 방법

```
struct 구조체_명 배열_명[크기];
```

예를 들어 user 구조체의 크기가 2인 we 배열 선언은 다음과 같다.

```
struct user we[2];
```

### 구조체 배열의 멤버 접근

구조체 배열의 요소 다음에 점(.) 연산자를 사용하여 멤버를 활용한다.

```
구조체_배열_명[요소].멤버_명;
```

예를 들면 we 배열의 멤버 접근은 다음과 같다.

```
we[0].age;
```

### 구조체 배열의 초기화

배열 요소 간은 중괄호로 구분하여 초기화한다.
예를 들어 we[2] 구조체 배열을 선언하면서 초기화해 보자.

```
struct _user we[2] = { {18, "Gildong"}, {16, "Doryoung"} };
```

**예제 12-3** 나이와 이름을 구조체 배열로 정의하고 초기화하는 프로그램을 작성하라.

```
1    #include <stdio.h>
2    struct user{
3        int age;
4        char name[20];
5    }we[2]={{18,"Gildong"},{16,"Doryoung"}};
6    void main()
7    {
8        int i;
9        for(i=0;i<;i++){
10              printf("we[%d] age=%d \t",i,we[i].age);
11              printf("name=%s \n", we[i].name);
12        }
13   }
```

```
we[0] age=18      name=Gildong
we[1] age=16      name=Doryoung
```

문장 5는 구조체를 정의하면서 구조체 형의 전역 배열 we[2]를 선언하고, 초기화하는 예이다. 문장 10, 11은 구조체 배열의 멤버를 접근하는 방법을 보여주는 예이다.

## 8 구조체 포인터

구조체를 포인터로 선언하여 활용할 수 있다. 구조체 포인터를 사용할 때도 메모리 주소를 지정한 후 사용해야 한다.
구조체 포인터를 사용할 때 주의할 점은 역 참조 연산자(*)가 점(.) 연산자보다 우선순위가 낮기 때문에 포인터 멤버에 접근하기 위해서는 ()로 포인터 변수를 먼저 결정한 후 멤버에 접근해야 한다. 이러한 이중 접근을 줄이기 위하여 점(.) 연산자가 아닌 화살표(→)연산자를 사용한다.

예를 들어 user 구조체의 구조체 포인터 선언 및 멤버 접근 예는 다음과 같다.

```
구조체 포인터 선언
  struct user *me;
멤버 변수 접근
  (*me).age;      // me가 가리키는 구조체 변수 결정한 후 멤버에 접근
  me->age;        // (*me).age와 같은 의미
```

## 9 중첩된 구조체

구조체는 새로 정의한 자료형이므로 구조체 멤버의 자료형으로 정의된 구조체를 사용할 수 있다. 이와 같은 구조체를 중첩된 구조체라 한다.
중첩된 구조체 멤버의 접근은 구조체 멤버의 멤버 접근으로 점(.) 연산자가 중복된다.

예를 들어 중첩된 구조체 정의 및 멤버 접근 예는 다음과 같다.

```
구조체 포인터 정의
  struct name{
     char fname[30];
     char lname[20]
  };
```

```
중첩된 구조체 정의
  struct user{
     int age;
     struct me name;
  };
```

```
구조체 변수 선언
  struct user me;
```

```
멤버 변수 접근
  me.age;
  me.name.lname;
```

# 12.2 typedef

## 1 typedef

typedef는 사용자가 C언어에서 사용하는 자료형을 프로그래머가 편리하게 변형할 수 있도록 새로운 이름을 정의하는 예약어이다.

typedef 선언 방법

```
typedef 자료형 새로운_이름;
```

예를 들어 부호가 없는 1바이트 정수형 변수 a의 선언은 unsigned char a;와 같이 unsigned와 char의 2개의 단어로 이루어져 사용하기에 불편하다. 이러한 불편을 해소하기 위하여 typedef을 사용하여 uchar로 간략하게 정의할 수 있다.

```
typedef unsigned char uchar;
```

```
uchar a;
```

여러 사람들이 공통으로 개발하는 프로젝트는 모든 프로그램에서 자료형을 동일한 이름으로 사용해야 프로그램을 쉽게 이해하고 개발할 수 있다. typedef로 자료형에 대한 새로운 이름을 정의하는 경우 헤더파일에서 선언하여 사용한다.

## 2 구조체의 typedef

typedef를 이용하여 구조체를 정의하면 구조체를 간단하게 표현할 수 있다.

### 구조체의 typedef 선언 방법

```
typedef struct 구조체_명{
        자료형 구조체_멤버1;
        자료형 구조체_멤버2;

}새로운_구조체_명;
```

예를 들면 구조체 struct user를 USER라는 새로운 이름으로 정의하면

```
typedef struct user{
    int age;
    char name[20];
}USER;
```

### typedef 구조체 선언 후 구조체 변수 선언

```
새로운_구조체_명 구조체_변수;
```

user 구조체의 구조체 변수 me 선언 방법은 다음과 같다.

```
USER me;   // struct user me;와 동일한 변수 선언이다.
```

**예제 12-4** 중첩된 구조체를 사용한 프로그램 : 사람의 성명을 성과 이름의 구조체로 정의한 후 나이와 성명의 구조체를 정의하여 프로그램을 작성하라.

```
#include <stdio.h>
#include <string.h>
typedef struct name{
      char first[10];
      char last[10];
}NAME;
typedef struct user{
      int age;
      name my;
 }USER;

 void main()
 {
      USER me={20,"Gildong","Hong"};
      printf("age = %d \t",m.age);    // 구조체 멤버 접근
      printf("name = %s %s\n", me.my.last, me.my.first);
 }
```

```
age = 20     name = Hong Gildong
```

문장 3~6은 성과 이름으로 구성된 name 구조체를 정의하면서 typedef로 NAME이라는 새로운 자료형의 이름으로 정의하였다. 문장 7~10은 나이와 성명의 구조체를 정의하면서 NAME 자료형을 선언하여 name 구조체를 자식 구조체로 갖는 중첩된 구조체 형식을 갖는다. 또한 typedef로 USER라는 자료형으로 정의하였다. 문장 14에서 USER 자료형의 중첩된 구조체 변수 me를 선언하면서 초기값을 대입하였다. 값의 대입은 age, my의 순서인데 my는 NAME 구조체이므로 last와 first 순서가 된다. 따라서 age, my.last, my.first 순서로 대입하여야 한다. 문장 16은 자식 구조체 멤버인 last와 first 멤버의 접근 방법을 나타낸다.

## 12.3 공용체union

공용체는 구조체와 같이 여러 자료형을 함께 묶어서 사용할 수 있는 점은 같다. 그러나 구조체는 각 멤버들이 별도의 메모리를 사용하지만 공용체는 모든 멤버들이 동일한 메모리를 공동으로 사용한다. 공용체 멤버들은 하나의 메모리에 저장된 데이터를 각 멤버들이 자신의 자료형으로 접근한다.

구조체 크기는 구조체 각 멤버의 바이트의 크기의 합과 같지만 공용체 크기는 공용체 멤버 중 가장 큰 바이트의 멤버가 공용체의 크기이다.

공용체는 한 멤버의 데이터가 변화하면 다른 멤버가 데이터를 사용할 때도 변화된 값을 그대로 이용해야 된다. 또한 공용체와 구조체를 결합하면 바이트 단위의 C언어에서 비트 단위의 데이터 처리가 가능하다. 이러한 공용체는 고속 연산, 하드웨어 제어 등 특수한 경우에 많이 사용한다.

### 1 공용체 정의

공용체를 의미하는 예약어인 union을 사용하여 공용체를 정의한다.

```
union 공용체_명{
      자료형 공용체_멤버1;
      자료형 공용체_멤버2;

};
```

예를 들면 2 바이트를 공유하는 outdata 공용체 정의 방법은 다음과 같다.

```
union outdata{
      unsigned char result[2];     // 2byte
      short indata;                // 2byte
};
sizeof(outdata)=2 이다.
```

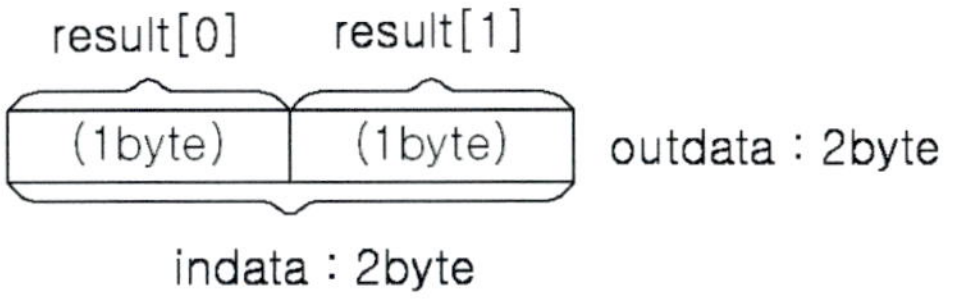


outdata 공용체의 메모리 구조

## 2 공용체 변수 선언

함수에서 공용체를 사용하기 위해서는 공용체 변수를 선언해야 한다.

```
union 공용체_이름 공용체_변수명;
```

**outdata 공용체의 변수 value 선언 방법**

```
union outdata value;
```

**예제 12-5** 2 바이트 정수를 256으로 나눈 몫과 나머지 연산 프로그램을 작성하라.

```
1    #include <stdio.h>
2    union outdata{
3        unsigned char result[2];
4        short indata;
5    };
6    void main()
7    {
8         union outdata value;
9         short data;
10
11        printf("256으로 나눌 정수를 입력하라. : ");
12        scanf("%d",&data);
13        value.indata=data;
14        printf("결과 몫 = %d \t\t", value.result[1]);
15        printf("나머지 = %d \n", value.result[0]);
16        printf("체크 몫(%d/256) = %d \t", data, data/256);
17        printf("나머지(%d%%256) = %d \n", data, data%256);
18   }
```

```
256으로 나눌 정수를 입력하라. : 356 ↵
결과 몫 = 1                나머지 = 100
체크 몫(356/256) = 1     나머지(356%256) = 100
```

문장 2~5에서 2 바이트의 정수와 배열 크기 2로 2 바이트인 부호없는 문자형 정수를 공용체로 정의하고, 문장 8에서 공용체 변수 value를 선언하였다. 문장 13에서 공용체의 2 바이트 정수에 데이터를 대입하고, 문장 14에서 공용체의 상위 바이트를 출력한 결과 256으로 나눈 몫과 같으며, 문장 15에서 하위 바이트를 출력한 결과 256으로 나눈 나머지가 출력된다.

256이 $2^8$으로 1 바이트 크기이므로 2 바이트의 상위 1 바이트는 몫이 되고, 하위 1 바이트가 나머지가 되므로 공용체를 이용하면 연산을 하지 않고 구할 수 있다.

## chapter_ 12 요약

### 구조체 정의

```
struct 구조체_명{
  자료형 구조체_멤버1;
    :
}구조체_변수_명;
```

### 구조체 선언

```
struct 구조체_명 구조체_변수_명;
```

### 구조체 멤버 접근

멤버에 접근할 때는 점(.) 연산자를 사용한다.

```
구조체_변수_명.구조체_멤버
```

### typedef란?

자료형을 새로운 이름으로 변경하는 예약어

```
typedef 자료형 새로운_이름;
```

### 공용체 정의

```
union 공용체_명{
     자료형 공용체_멤버1;

};
```

## chapter_ 12 Q&A

**Q** 구조체의 멤버는 어떤 연산자로 접근하는가?

점(.)연산자

**Q** 구조체의 포인터는 어떤 연산자로 접근하는가?

화살표(→)연산자

**Q** 동일한 주소공간에 서로 다른 형들을 정의하여 활용하는 방법은 무엇인가?

공용체

**Q** 새로운 자료형을 생성하는 명령어는 무엇인가?

typedef

## chapter_ 12 실습예제

**1.** 중첩된 구조체를 이용하여 나이, 성 및 이름을 정의하고 구조체 포인터를 선언하여 데이터를 대입하고, 출력하는 프로그램을 작성하라. 단, 나이, 성 및 이름은 입력으로 처리하라.

```
#include <stdio.h>
typedef struct _name{
    char first[10];
    char last[10];
}name;
typedef struct _user{
    int age;
    name my;
}user;
void main()
{
    user people;
    user *man;
```

```
14        man=&people;
15        printf(" age : ");
16        scanf("%d",&man->age);
17        printf("Last name : ")
18        scanf("%s",man->my.last)
19        printf("First name : ");
20        scanf("%s",man->my.first);
21        printf("man age  = %d \t", man->age);
22        printf("man name = %s %s\n", man->my.last,
                  man->my.first);
23    }
```

```
age : 20 ↵
Last name : Hong ↵
First name : Gildong ↵
man age = 20     name = Hong Gildong
```

문장 2~9에서 나이, 성 및 이름의 중첩된 구조체를 정의하였다. 문장 13에서 구조체 포인터를 선언하였으며, 포인터 주소를 지정하기 위하여 문장 12와 같이 구조체 변수를 선언하고 문장 14와 같이 포인터의 주소를 지정하였다. man 포인터 변수의 멤버는 화살표(→) 연산자로 접근한다. scanf() 함수로 데이터를 입력을 받을 때는 주소를 사용하므로, age 멤버는 정수형 변수이므로 문장 16과 같이 주소 연산자(&)를 사용해야 하고, first와 last 멤버는 배열이므로 문장 18과 20과 같이 멤버 명만 적으면 된다.

**2** 이름과 나이가 같은 사람을 검색하는 프로그램을 작성하라.

```
#include <stdio.h>
#include <string.h>
typedef struct _user{
    int age;
    char name[20];
} user;
void main()
```

```
8    {
9        user db[4]={{20,"홍길동"},{16,"이도령"},
                    {16,"성춘향"},{18,"향단이"}};
10       char name[20];
11       int i, age, check=0;
12       printf("찾을 사람 이름을 입력하시오. : ");
13       scanf("%s",name);
14       printf("찾을 사람 나이을 입력하시오. : ");
15       scanf("%d",&age);
16       for(i=0;i<4;i++){
17           if( (strcmp(name,db[i].name) == 0) &&
                 (age == db[i].age) ){
18              printf("데이터베이스에 있는
                        동일한 사람이 있습니다.\n");
19              check=1;
20              break;
21           }
22       }
23       if(check==0)
24           printf("데이터베이스에 동일한 사람이 없습니다.\n");
25   }
```

```
찾을 사람 이름을 입력하시오. : 성춘향 ↵
찾을 사람 나이를 입력하시오. : 16 ↵
데이터베이스에 동일한 사람이 있습니다.

찾을 사람 이름을 입력하시오. : 이도령 ↵
찾을 사람 나이를 입력하시오. : 18 ↵
데이터베이스에 동일한 사람이 없습니다.
```

문장 3~6에서 사람의 나이와 이름을 동일한 배열로 검색할 수 있도록 하기 위하여 구조체를 정의하였다. 문장 9에서 구조체 배열을 선언하고 데이터베이스에 해당하는 초기 값을 대입하였다. 문장 16~22에서 전체 데이터베이스에 대하여 입력한 사람이 있는지 검색한다. 만약 동일인이 있으면 문장 18~20과 같이 실행하고 반복문을 종료한다. 동일인이 없는 것을 문장 23으로 검사하여 결과를 출력한다.

3 사람의 나이, 이름, 몸무게를 하나의 구조체로 정의하여 입력하고, 출력하는 프로그램을 작성하라.

4 성적 처리하는 프로그램을 작성하라. 단, 학생 개인별 정보를 구조체로 정의하여 사용하라.

> 구조체로 정의할 데이터
> 번호, 이름, 3과목(국어, 영어, 수학) 성적, 총점, 평균

5 개인정보 이름, 성별, 생년월일, 주민등록번호 뒷자리, 주소(광역단체명, 기초단체명, 가로명, 번지)를 구조체로 지정하여 입력을 받아 출력하는 프로그램을 작성하라.

6 5번 프로그램에서 성별과 주민등록번호 뒷자리를 비교하여 남녀가 정확한지 검사하는 프로그램을 작성하라.

> 주민등록번호 뒷자리 규칙
> 남자 : 1 또는 3으로 시작
> 여자 : 2 또는 4로 시작

7 사람의 나이와 이름을 구조체로 선언하고, 이 구조체의 배열을 동적 메모리를 사용하여 크기를 할당하고, 입력할 사람의 수를 입력하면 각 사람의 나이와 이름을 입력하고, 출력하는 프로그램을 작성하라.

8 C 언어의 데이터형 중 부호없는 정수들을 아래와 같이 간단하게 변경하여 처리하는 헤드파일을 작성하라.

> • unsigned char => uchar
> • unsigned short => ushort
> • unsigned int => uint

9 (예제 12-5)을 참고하여 4자리 정수의 비밀번호를 암호화하는 방법으로 두 자리 수를 각각 한 바이트 씩 저장하여 2 바이트로 조합하여 저장하는 프로그램을 작성하라.

> • 비밀번호 입력 : 1234
> • 비밀번호 저장 : 3106(12 34 =>00001100 001101002)

## chapter_ 12 복습문제

1 서로 다른 자료형들을 하나로 묶어서 처리하도록 하는 키워드는 무엇인가?

2 구조체의 멤버는 점 연산자로 접근하고 포인터로 선언된 경우 ___________ 연산자로 접근한다.

3 새로운 이름의 자료형을 생성하는 키워드는 무엇인가?

4 구조체는 배열로 선언할 수 없으므로, 함수의 매개 변수로 전달할 수 없다.
**[ 참 / 거짓 ]**

5 구조체 안에 구조체를 선언하는 중첩선언이 가능하다. **[ 참 / 거짓 ]**

6 union과 struct은 접근방법이 동일하다. **[ 참 / 거짓 ]**

7 구조체에 대한 설명으로 부적합한 것은 무엇인가?
① 배열로 선언할 수 있다.
② 초기화할 수 있다.
③ 함수 매개 변수로 전달할 수 있다.
④ 반드시 typedef로 선언한다.

8 다음 설명 중 부적합한 것은 무엇인가?
① 공용체union는 동일한 공간에 서로 다른 자료형들이 공유하는 형태이다.
② C언어는 구조체와 공용체를 결합하면 비트 데이터 접근이 가능하다.
③ 구조체를 포인터로 선언한 경우 점(.) 연산자로 멤버에 접근한다.
④ 자료형의 이름을 새 이름으로 변경하는 명령은 typedef 이다.

9 다음 설명 중 틀린 것은 어느 것인가?

① 동일한 형이 연속하여 필요할 경우 배열로 만든다.

② 서로 다른 형을 묶어서 새로운 자료형으로 처리할 경우 구조체로 한다.

③ C언어에서는 동일한 메모리를 서로 다른 자료형으로 공유할 수 없다.

④ C언어에서는 정해진 자료형의 이름들을 다른 이름으로 바꿀 수는 없다.

10 i라는 인덱스로 s라는 구조체 배열의 member라는 변수를 접근하는 방법은 무엇인가?

**해답**

1. struct 2. → 또는 화살표 3. typedef 4. 거짓 5. 참 6. 참 7. ④ 8. ③ 9. ④ 10. s[i].member

C H A P T E R 13

# 자료구조와 알고리즘

자료구조와 알고리즘은 컴퓨터 프로그램의 핵심 요소를 이룬다.
자료구조는 자료를 효율적으로 이용할 수 있도록 저장하는 방법으로 배열, 구조체, 스택, 큐, 트리 등이 있다.
알고리즘은 문제를 풀기 위한 방법을 말한다. 두 수 중에 큰 수를 찾거나 1부터 100까지를 출력해 주는 등이 알고리즘에 해당한다.
시뮬레이션은 컴퓨터 프로그래밍을 활용한 모의실험으로 주사위를 600번 던질 때 1부터 6이 나오는 횟수를 계산하는 것이 하나의 예가 된다.

**학습목표**

- 정수 배열에서 최댓값을 구할 수 있다.
- 스택을 구현할 수 있다.
- 두 개의 변수 값을 바꾸는 알고리즘을 작성할 수 있다.
- 주사위를 시뮬레이션할 수 있다.

## 13.1 자료구조

컴퓨터의 자료구조는 추상적으로 나타낸 자료의 모습과 그것을 다루는 연산에 대한 정의를 말한다. 프로그래밍에서 자주 활용되는 자료구조로는 배열, 스택, 트리 등이 있다. 서로 다른 형의 데이터들을 하나의 덩어리로 묶어주는 구조체의 활용법에 대해서 학습하였다. 여기서는 제일 간단한 자료구조인 배열과 많이 활용되는 스택을 구현해 본다.

### 1 배열

동일한 자료형은 배열을 활용하여 처리하면 편리하다. 특히 데이터 양이 많을 때는 배열을 꼭 활용해야 한다. 배열은 가장 많이 활용되는 자료구조 중의 하나이다. 예로, 정수 5개를 배열에 {1,5,3,4,2}로 초기화하려면 int v[]={1,5,3,4,2};로 초기화할 수 있다. 초기화의 경우는 int v[5]를 하지 않고 int v[]로 할 수도 있다. 배열의 요소는 인덱스 v[i]를 활용하여 접근한다.

**예제 13-1** **배열에 정수 {1,5,3,4,2}를 저장하고 for 문을 활용하여 출력하는 프로그램을 작성하라.**

```
#include <stdio.h>
int v[] = {1,5,3,4,2};
void main()
{
    int i;

    for(i=0;i<5;i++){
        printf("%d\t", v[i]);
    }
}
```

```
1       5       3       4       2
```

## 2 스택

스택은 밑바닥이 막힌 원통에 원판을 위에서 차례대로 넣어두고 빼내 쓰는 형태와 같다. 가장 나중에 넣은 데이터가 가장 먼저 나온다. 영어로 Last In First Out이며 LIFO라고 한다. 값을 스택에 넣는 함수는 push()이며, 스택에서 데이터를 읽는 것을 pop()이라 한다. 스택의 위치는 sp로 나타내며 비어 있을 때 sp=−1;로 표현한다. 스택이 비어 있거나 넘치는가를 검사할 때 이용한다.

**예제 13-2** ▶ **정수 3개 {2, 7, 1}을 push() 함수를 통해서 스택에 저장하고, pop() 함수를 통해서 화면에 출력하는 스택 프로그램을 작성하라.**

```
#include <stdio.h>
int s[1000];
int sp=-1;
void push(int a)
{
        s[++sp]=a;
        sp++;
}
int pop()
{
        sp--;
        return( s[sp--]);
}
void main()
{
        int i;
        push(2);
        push(7);
        push(1);
        printf("%d\n", pop());
        printf("%d\n", pop());
        printf("%d\n", pop());
}
```

# 13.2 알고리즘

알고리즘이란 컴퓨터가 어떤 일을 수행하기 위한 단계적 방법을 말한다. 효과적인 알고리즘은 정확하고 간단하며, 처리 속도가 빠르고 메모리를 적게 사용해야 한다.

배열을 정수로 초기화하고 가장 큰 값을 비교하여 찾아보자.

## 1 배열에서 큰 수 찾기

**예제 13-3** ▶ **정수 배열 {9,2,7,1,3,4} 에서 제일 큰 수를 찾는 알고리즘을 구현하라.**

```
1   #include <stdio.h>
2   void main()
3   {
4       int i, big, a[6]={9,2,7,1,3,4};
5
6       big=a[0];                       // 첫 배열의 값을 big에 넣음
7       for(i=1;i<6;i++){               // 두 번째부터 끝까지 비교
8           if(a[i]>big) big=a[i];      // 배열 값이 big 보다 크면
                                        // big을 바꿈
9       }
10      printf("big=%d\n", big);        // 결과 출력
11  }
```

문장 6에서 배열의 첫 요소 a[0]의 값인 9를 big에 넣고, 문장 7에서 다음 배열부터 차례로 문장 8에서 big의 값과 비교하여 배열의 값이 더 크면 big에 저장한다.

## 2 재귀호출

수학에서 팩터리얼의 부호는 !를 사용한다. 3! = 3×2×1이며 5! = 5×4×3×2×1이다. 이를 프로그래밍을 이용하여 계산해 보자. 함수가 자신을 호출하는 것을 재귀호출이라고 한다. 1이 되기 전까지는 자신의 값에서 1을 빼면서 다시 fact() 함수를 계속해서 호출한다. 1이면 1을 리턴한다.

**예제 13-4 ▶ 재귀호출을 이용하여 3!을 계산하라.**

```
#include <stdio.h>
int fact(int a)
{
    if(a==1)    return 1;
    else        return a * fact(a-1);
}
void main()
{
     int r;
     r = fact(3);
     printf("%d\n", r);
}
```

## 3 두 수 바꾸기 swap()

두 개의 정수 변수에 값을 넣고, 함수 swap()에 두 값을 전달하고, 이 두 개의 값을 서로 바꾸어 보자. 원리는 왼손에는 열쇠 꾸러미를 오른손에는 핸드폰을 들고 있는데 이 두 개를 바꾸는 것과 동일하다. 임시로 물건을 놓을 장소인 책상이 필요하다. 우선 열쇠 꾸러미를 책상에 내려 두고, 오른손의 핸드폰을 왼손에 올리고, 오른 손으로 열쇠 꾸러미를 잡아야 한다. 바꾸기 전과 바꾼 후의 변수 값을 화면에 출력해 보자.

**예제 13-5** **두 개의 정수를 바꾸는 swap() 함수를 구현하고, 호출하기 전과 호출한 다음의 값을 출력하는 프로그램을 작성하라.**

```
#include <stdio.h>
void swap(int *a, int *b)
{
   int temp;

   temp=*a;
   *a=*b;
   *b=temp;
 }
 void main()
 {
   int a, b;
   a=2;
   b=3;
   printf("before: a=%d b=%d\n", a, b);

   swap(&a, &b);

   printf("after : a=%d b=%d\n", a, b);
}
```

```
before: a=2 b=3
after : a=3 b=2
```

## 4 순서 정렬

순서 정렬은 배열에 있는 값을 크기에 따라 차례대로 순서를 바꾸는 것이다. 정수 배열 6개에 숫자 값이 들어 있다. 순서 정렬을 해서 작은 수부터 차례로 나타내 보자.

**예제 13-6** **6개의 정수 배열 {5,2,4,6,1,3}의 값을 작은 값부터 차례로 출력하는 순서 정렬 프로그램을 작성하라.**

```
#include <stdio.h>
void swap(int *a, int *b)
{
    int temp=*a;

    *a=*b;
    *b=temp;
}
void main()
{
     int i, j;
     int a[6]={5,2,4,6,1,3};

     for(i=5;i>0;i--){
         for(j=0;j<i;j++){
            if(a[j]>a[j+1])
                  swap(&a[j], &a[j+1]);
         }
     }

      for(i=0;i<6;i++)
          printf("%d\n", a[i]);
}
```

## 13.3 주사위 시뮬레이션

### 1 랜덤 숫자 만들기

임의의 정수를 6개 출력하는 프로그램을 작성해 보자. C언어에서 rand() 함수는 임의의 정수를 만들어 준다.

**예제 13-7 ▶ 임의의 정수를 6개 출력하는 프로그램을 작성하라.**

```
#include <stdio.h>
void main()
{
    int i, r;

    for(i=0;i<6;i++){
        r = rand();
        printf("%d\n", r);
    }
}
```

```
41
18467
6334
26500
19169
15724
```

그리고 연산자 중에서 %는 나눈 나머지 값을 계산해 준다. 이를 활용하여 0에서 5까지의 숫자 중에서 하나의 정수를 출력하는 프로그램을 작성하자.

**예제 13-8** 0에서 5까지의 숫자 중에 임의의 숫자를 출력하는 프로그램을 작성하라.

```
#include <stdio.h>
void main()
{
    int i, r;

    for(i=0;i<6;i++){
        r = rand() % 6;
        printf("%d\n", r);
    }
}
```

```
5
2
3
1
2
4
```

이 프로그램은 여러 번 실행해도 동일한 순서로 랜덤 값이 출력된다. 프로그램을 실행할 때 마다 다른 순서의 랜덤 값을 출력하려면, 랜덤 함수의 시드를 바꾸어 주는 srand() 함수를 한 번 실행해야 한다. srand() 함수의 매개 변수가 필요한데, 현재의 시간을 읽어서 넣는 방법을 많이 이용한다. 시간을 처리하기 위한 자료형으로 time_t를 활용할 수 있다.

time_t t=time();에서 현재의 시각을 읽고, t값을 (unsigned int)로 형을 변환하여 srand() 함수의 매개 변수로 넣으면 실행될 때마다 값이 달라진다.

**예제 13-9** **(예제 13-8)을 수정하여 실행 될 때마다 0에서 5까지의 값이 다르게 출력되는 프로그램을 작성하라.**

```
1  #include <stdio.h>
2  #include <time.h>
3  void main()
4  {
5       int i, r;
6
7       time_t t = time(NULL);
8       srand((unsigned int)t);
9
10      for(i=0;i<6;i++){
11           r = rand() % 6;
12          printf("%d\t", r);
13      }
14  }
```

```
1       1       2       2       4       3
```

문장 8의 srand() 함수를 활용하면 새로운 순서의 랜덤 함수가 발생된다. 문장 7의 'time_t t=time(NULL)'은 현재 시각을 읽어 온다.

## 2 발생빈도(히스토그램) 구하기

히스토그램은 동일한 숫자가 나오는 횟수를 세는 발생빈도를 나타낸다. 0에서 5까지 값을 가지는 12개의 숫자 중에 0, 1, 2, 3, 4, 5가 각각 몇 번 나오는지 세어보자.

**예제 13-10** **정수 {0,1,1,1,2,2,3,3,3,4,5,5} 배열에서 0부터 5까지가 몇 번씩 나오는지 세는 히스토그램 프로그램을 작성하라.**

```
1  #include <stdio.h>
2  void main()
3  {
4      int v[12]={0,1,1,1,2,2,3,3,3,4,5,5};
5      int h[6]={0,0,0,0,0,0};    // 초기화
6      int i;
7
8      for(i=0; i<12; i++)        // 발생빈도 계산
9          h[ v[i] ]++;
10
11     for(i=0; i<6; i++)         // 결과 출력
12         printf("[%d]=%d\t", i, h[i]);
13 }
```

```
[0]=1    [1]=3    [2]=2    [3]=3    [4]=1    [5]=2
```

배열 v[12]에는 0~5까지 정수 값이 초기화되어 있다. 배열 h는 0의 회수를 h[0]에 1의 횟수를 h[1]... 5가 나오는 횟수를 h[5]에 각각 저장한다. 배열 문장 5와 같이 h는 0으로 초기화를 해야 한다.

## 3 주사위 시뮬레이션

주사위는 1에서 6이 적힌 육면체를 던져서 어떤 숫자가 나오는지 활용하는 것이다. 주사위를 600번 던질 때 1에서 6이 나오는 회수를 실험하려면 600번을 던지고 종이 위에 각 숫자가 얼마나 나오는지 누적을 해야 한다. 프로그램을 활용하여 주사위를 시뮬레이션 해보자.

앞에서 배운 임의 숫자 만들기와 발생빈도 계산을 활용하면 주사위 시뮬레이션을 할 수 있다.

**예제 13-11** 주사위를 600번 던질 때 1부터 6의 값이 몇 회 나오는지 시뮬레이션하는 프로그램을 작성하라.

```c
#include <stdio.h>
#include <time.h>
void main()
{
    int h[6]={0,0,0,0,0,0};
    int i, r;

    time_t t=time(NULL);
    srand((unsigned int)t);

    for(i=0;i<600;i++){
        r = rand() % 6;
        h[r]++;
    }

    for(i=0; i<6;i++)
        printf("[%d]=%d\n", i+1, h[i]);
}
```

```
[1]=103
[2]=91
[3]=104
[4]=108
[5]=92
[6]=106
```

## chapter_ 13 요약

- 자료구조에는 배열, 구조체, 스택, 큐, 트리 등이 있다.
- 문제를 해결하는 방법으로 여러 가지 알고리즘이 있으며, 여기서는 순서 정렬을 학습하였다.
- 모의실험을 해보는 시뮬레이션으로 주사위를 60,000만 번 던질 때 1,2,3,4,5,6이 나오는 확률을 계산할 수 있다.

## chapter_ 13 Q&A

**Q** 먼저 저장된 값이 가장 나중에 나오는 형태의 자료구조는 무엇인가?

스택

**Q** 데이터를 크기별로 나열하는 것을 무엇이라 하는가?

정렬 알고리즘

**Q** 주사위 6만 번을 던질 때 1부터 6이 나오는 회수를 컴퓨터로 계산해 보는 것을 무엇이라 하는가?

시뮬레이션 또는 모의실험

## chapter_ 13 실습예제

1 세 개의 정수 중에 가장 큰 수를 찾는 알고리즘을 작성하라.

```
#include<stdio.h>
void main()
{
      int v[]={2,9,5};
      int i, mx=v[0];

      for(i=1;i<3;i++)
        if(v[i]>mx) mx=v[i];
      printf("%d\n", mx);
 }
```

9

**2** 세 개의 정 수 중에 가운데 값을 찾는 알고리즘을 작성하라.

```
#include<stdio.h>
void main()
{
      int md;
      int a=1,b=5,c=2;
      if(a>b){
           if(b>c) md=b;
           else // b<=c, b가 최소
               if(a>c) md=c;
               else    md=a;
      }
      else{ //a<=b
            if(b<c) md=b;
            else // b>=c, b가 최대
                 if(a<c) md=c;
                 else    md=a;
      }
      printf("%d\n", md);
}
```

2

**3** 1에서 10까지의 정수 값을 100개 랜덤하게 출력하는 프로그램을 작성하라.

**4** 주사위를 6만 번 던질 때 1부터 6이 나오는 수를 시뮬레이션하라.

```
#include<stdio.h>
void main()
{
      int i;
      for(i=0;i<100;i++)
        printf("%d\n", rand()%10+1);
}
```

**5** 재귀호출을 활용하여 100부터 1까지의 값이 화면에 출력되도록 프로그램하라.

```
#include<stdio.h>
void pr(int i){
    printf("%d\n", i);
    if(i==1) return;
    else pr(i-1);
}
void main()
{
    pr(100);
 }
```

**6** 3과 5를 스택을 활용하여 저장하고 읽는 프로그램을 작성하라.

```
#include <stdio.h>
int s[1000];
int sp=-1;
void push(int a)
{
    s[++sp]=s;
}
int pop()
{
    return( s[sp--1]
}
void main()
{
    int i;
    push(3);
    push(5);
    printf("%d\n", pop());
    printf("%d\n", pop());
}
```

---

5
5

## chapter_ 13 복습문제

1 컴퓨터가 어떤 일을 수행하기 위한 단계적 방법을 무엇이라 하는가?

2 추상적으로 나타낸 자료의 모습과 그것을 다루는 연산에 대한 정의를 무엇이라 하는가?

3 함수가 자신의 함수를 다시 호출하는 것을 무엇이라 하는가?

4 서로 다른 데이터 형을 하나의 배열로 선언할 수 있다. [ **참** / **거짓** ]

5 알고리즘은 정확하기만 하면 처리 속도와는 무관하다. [ **참** / **거짓** ]

6 자료구조에서 서로 다른 형의 데이터는 구조체로 묶어서 처리하면 편리하다. [ **참** / **거짓** ]

7 다음 중 알고리즘으로 보기 어려운 것은 무엇인가?
① 데이터 정렬 ② 데이터 탐색 ③ 정수배열 ④ 데이터의 압축

8 다음 중 자료구조로 부적절 한 것은 무엇인가?
① 스택 ② 큐 ③ 트리 ④ 데이터 정렬

9 두 수를 교환하기 위한 swap() 함수에 대한 설명 중 틀린 것은 어느 것인가?
① 리턴 값이 필요없어 void swap()으로 선언한다.
② 함수의 원형은 void swap(int a, int b);이다.
③ 두 수를 교환하려면 임시 변수가 하나 필요하다.
④ 호출할 때는 주소를 보내고 함수 구현에서는 포인터로 처리한다.

**10** 주사위를 시뮬레이션할 때 적합하지 않는 것은 어느 것인가?

① 임의의 값을 만들어 리턴하는 함수는 srand()이다.

② 랜덤함수는 시드 값이 동일하면 출력되는 정수 값의 순서는 동일하다.

③ 히스토그램을 저장하기 위한 6개의 배열은 초기화해야 한다.

④ %연산자는 나머지 값을 계산하므로 일정 범위의 정수를 만들기에 적합하다.

**해답**

1. 알고리즘 2. 자료구조 3. 재귀호출 4. 거짓 5. 거짓 6. 참 7. ③ 8. ④ 9. ② 10. ①

# | 부록 |

# 무료 Dev-C++ 컴파일러

C언어를 실습하려면 소스 코드를 실행파일로 바꾸는 컴파일러가 필요하다. 무료 프로그램인 Dev-C++을 추천한다. Dev-C++을 인터넷에서 다운 받고, 설치한 다음 첫 프로그램을 실행해보자.

## 단계 1: Dev-C++ 다운로드

### 무료 컴파일러 Dev-C++

다운로드 사이트: http://sf.net/projects/orwelldevcpp/

## 단계 2: Dev-C++ 설치

### 설치 방법

다운로드하면서 바로 설치하거나 저장한 후 설치해도 된다.

## 구성요소의 선택

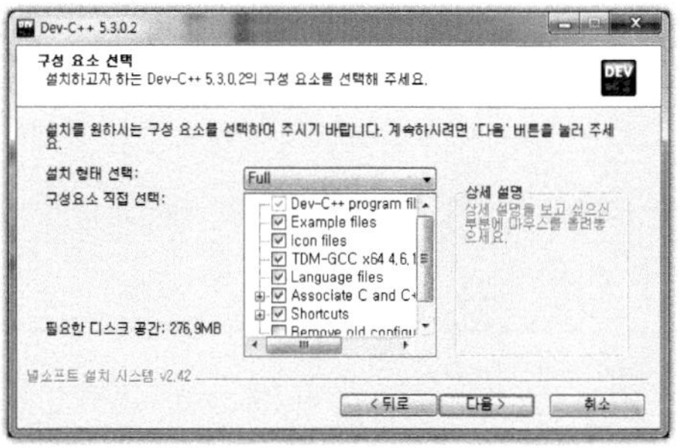


## 설치 위치 선택

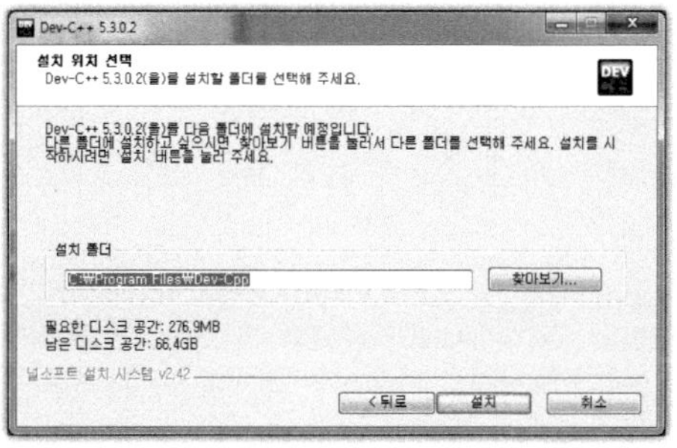


## 설치 중

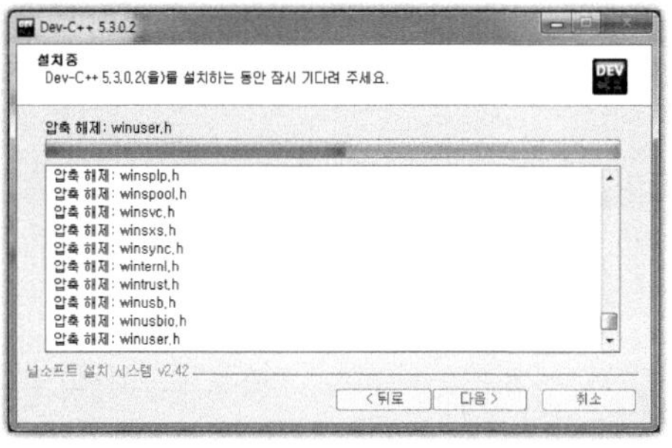

바로 실행하려면 ☑ 표시를 한다.

설치 후 실행 방법

윈도우 초기 화면에서 왼쪽 [윈도우 아이콘]을 누르고, [▶ 모든 프로그램]을 선택한 다음, [Bloodshed Dev-C++]에서 [Dev-C++]을 선택한다.

## 단계 3: 소스 코드의 작성과 컴파일

새 파일 만들기

방법 1: 파일(F) 아래의 [네모 상자] 아이콘 (마우스를 올리면 New가 보임) → 소스 파일(S) 선택

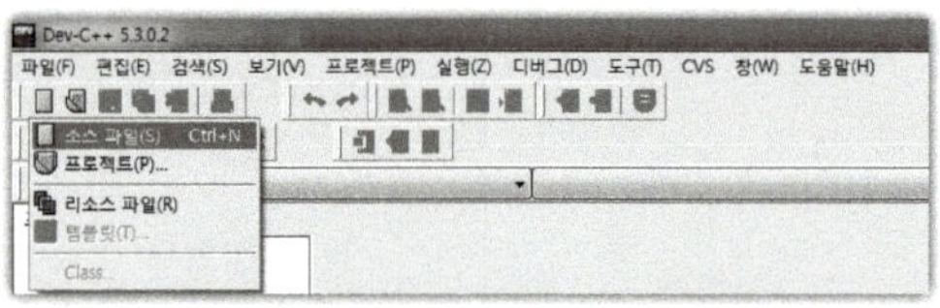


방법 2: 파일(F) → 새로 만들기(N) → 소스 파일(S)을 선택

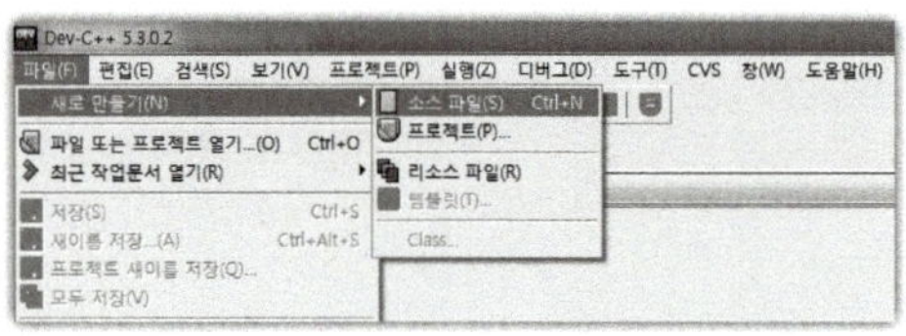

## 소스 코드의 입력

오른쪽 빈 란에 프로그램 소스 코드를 입력

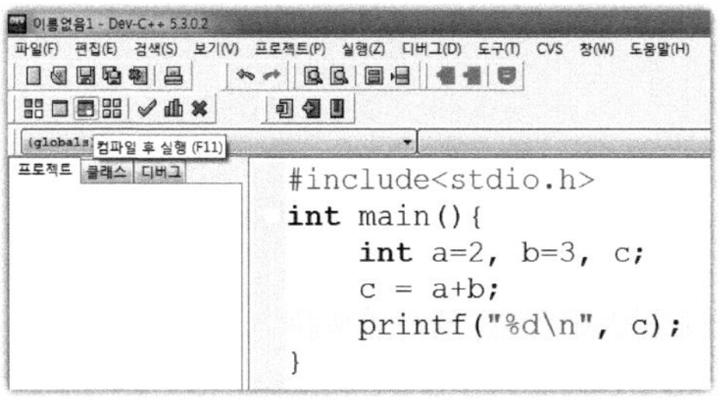


## 파일의 저장

[파일 이름]을 "add" 또는 "add.c" → [파일 형식] "C Source files(*.c)" 선택 후 → [저장(S)]

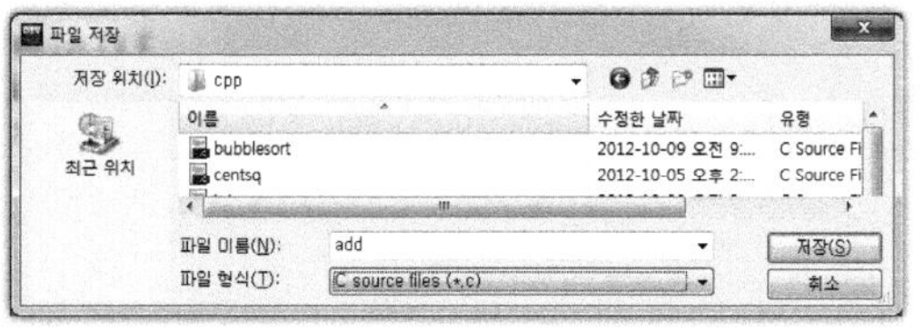


## 실행 결과

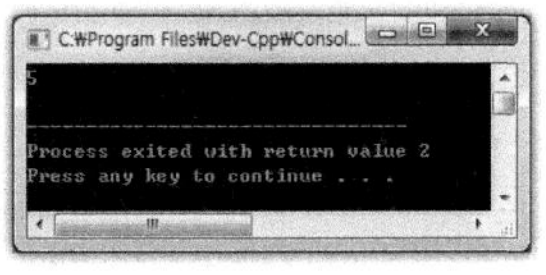


## 윈도우로 돌아오기

엔터키를 누르면 윈도우 화면으로 되돌아온다.

## 참고 사이트

- http://cplusplus.com/
- http://cprogramming.com/
- http://cafe.naver.com/whatisc 네이버 shatisc 까페

# 찾아보기

## 기호 및 숫자



## 영문